Hugo Ott

Laubhüttenfest 1940

HERDER / SPEKTRUM

Band 4326

Das Buch

Die Provinzstadt Freiburg, Ecke Rheinstraße, Katharinenstraße. 22.10.1940, Laubhüttenfest der Juden: ein Fest der Freude und des Gedenkens. Ein Tag, der zum traurigsten wurde. Die Gestapo klingelt im Morgengrauen bei Irmgard Wießler, Gattin des Metzgers Hermann Wießler, um die jüdische Mieterin Loewy, die hier nach dem Tod ihres Mannes, des Mathematikers Alfred Loewy, eine bescheidene Bleibe gefunden hatte, abzuholen für den Transport in das Lager nach Gurs. Wenige Stunden bleiben. Frau Loewy wird sich die Pulsadern aufschneiden und in der Universitätsklinik sterben. Das sind die äußeren Koordinaten dieser Geschichte. Der Historiker Hugo Ott erzählt sie einfach, lapidar, konzentriert auf ein Schicksal. Bei diesem Thema genügt es ihm nicht, bloß Zahlen und nur wissenschaftliche Ergebnisse zu vermitteln. Das Gedenken an das Schicksal der jüdischen Witwe reicht in ein lange tabuisiertes Thema: Wie gingen Deutsche mit jüdischen Gelehrten um? Auf welchem geistigen Hintergrund geschah das alles? Die Sichtweisen der beiden Frauen tragen die Struktur der Geschichte: Die gutmütige und freundliche katholische Mitläuferin. Und die Jüdin, die eingebunden war in die akademische Welt, von der sie sich mehr und mehr entfernte und die nur noch in der Erinnerung und in den ungelösten Fragen präsent war. Welche Rolle spielt der große Heidegger, einst Schüler Loewys, in diesem Drama? Ein bewegendes Buch der Erinnerung zu einem immer noch brennend aktuellen Thema.

Der Autor

Hugo Ott, Dr. phil., geb. 1931, ordentlicher Professor für Wirtschafts- und Sozialgeschichte an der Albert-Ludwigs-Universität Freiburg i. Br. Sein in mehreren Auflagen erschienenes Buch: Martin Heidegger. Unterwegs zu seiner Biographie, wurde in zahlreiche Sprachen übersetzt.

Hugo Ott

Laubhüttenfest 1940

Warum Therese Loewy einsam sterben mußte

Herder
Freiburg · Basel · Wien

Für die Übersetzung der hebräischen Grabinschrift auf Alfred Loewys Grab danke ich Herrn Prof. Dr. Felix Böhl von der Universität Freiburg i. Br.

Originalausgabe

Herstellung: Freiburger Graphische Betriebe 1994
Umschlaggestaltung: Joseph Pölzelbauer
Umschlagfoto: © Archiv für Kunst und Geschichte Berlin
ISBN: 3-451-04326-2

Schwerer ist es, das Gedächtnis der Namenlosen
zu ehren als das der Berühmten.
Dem Gedächtnis der Namenlosen
ist die historische Konstruktion geweiht.
Walter Benjamin

In der Morgenfrühe des 22.Oktober 1940 – soeben rumpelte die erste Straßenbahn vom Freiburger Hauptbahnhof über die Friedrichstraße in Richtung Siegesdenkmal, im Gedenken an den siegreichen Krieg von 1870/71 gegen Frankreich errichtet – schrillte die Türklingel der Wohnung Wießler in der Katharinenstraße 12. Frau Irmgard Wießler, Gattin des Metzgermeisters Hermann Wießler, schreckte aus einem wirren Traum, schlüpfte in den Morgenrock, ordnete hastig das Haar zu einem Knoten, angedeutet nur, schloff in die Hausschlappen und schlurfte schlaftrunken vom zweiten Stock hinunter in die Toreinfahrt, vorsichtig, weil nur ein kleines Licht, dazu noch abgeschirmt wegen der Verdunkelungspflicht, die Treppenstufen beleuchtete. Und die mit groben Rheinkieseln belegte Einfahrt war holprig genug! Unter dem Tor lagen bereits die beiden Zeitungen, auf die sie abonniert waren: „Der Alemanne" und die „Freiburger Zeitung". Sie hob die Blätter auf.

Während sie den schweren Riegel beiseite schob, war das unterdrückte Gemurmel von Männerstimmen zu hören. Ein schwacher Lichtkegel aus einer abgeblendeten Taschenlampe traf ihr Gesicht, als das stabile Tor sich knarrend auftat. Das muß unbedingt geölt werden. Draußen dämmerte ein grauer Herbsttag. Die Wetterdaten für Freiburg am 22. Oktober 1940: trüb mit Temperaturen um 8–9° C, zeitweise Nebel, es gab tagsüber Sprühregen. Die Höchsttemperatur betrug 12° C. Ihre erschreckten Augen mußten sich erst an das Halbdunkel gewöhnen. Die Straßenlaternen durften seit Kriegsanfang nicht mehr angezündet werden. In mondlosen Nächten herrschte Stockfinsternis. Da blieb man am besten daheim.

Der Wind hatte über Nacht die Blätter der Kastanienbäume, welche die Straße säumten, an die Ränder der Gehsteige gewirbelt. Es wird wieder Arbeit geben, denn bei den Hausbesitzern bleibt letztlich alles hängen. Die lieben Mieter drücken sich zu gerne vor dem Kehrdienst, wenn in der Kehrwoche die Reihe an ihnen ist.

Die Hakenkreuzfahnen, vom Nebel genäßt, hingen schlaff von den Stangen oder hatten sich zum Teil um die Schäfte gewickelt. Das Rot des Tuches erschien gespenstisch dunkel, fast schwarz und das Weiß des inneren Kreises hatte einen schmutzigen Ton. Die tiefschwarzen Balken des Hakenkreuzes – *das Zeichen des Antichrist* – dräuten herausfordernd. Die ganze Woche mußte geflaggt werden, weil das Elsaß heimgeholt worden ist. Das Elsaß wieder deutsch! Der Rhein nicht mehr Grenzfluß, sondern deutscher Strom. Die unselige, ja widernatürliche Trennung des Alemannenlandes ist der Einheit gewichen.

Wie oft in diesem Jahr 1940, das sich zur Neige schickte, mußte sie den Fahnenschaft in den an der Außenwand montierten Ständer stecken. Die vielen Siegesfeiern während des Frankreichfeldzuges, sie dauerten tagelang, als Paris gefallen war, die nationalen Gedenktage gar nicht gerechnet. Hitlers Geburtstag am 20. April, der 1. Mai als Tag der Nationalen Arbeit. Dann war die ganze Stadt in ein Fahnenmeer getaucht. An sonnigen Tagen ein erhebendes, ja überwältigendes Bild, das sich besonders eindrucksvoll darbot, wenn man auf den Schloßberg stieg und auf das Häusergewirr blickte. Die Kirchenfahne, weiß-gelb in den päpstlichen Farben, stand auf dem Speicher. Die holte sie, ein wenig angestaubt, nur noch zu Fronleichnam heraus. Immerhin: in Freiburg, der Bischofsstadt, mußte doch ein Rest an Kirchentreue gezeigt werden. Was war das früher für eine Pracht, wenn an den kirchlichen Hochfesten das katholische Freiburg Flagge zeigte. Eine weiß-gelbe Woge, verstärkt durch die Girlanden aus Buchs, durchwoben mit weiß-gelbem Kreppapier. *Fest soll mein Taufbund immer stehn, ich will die Kirche hören. Sie soll mich allzeit gläubig sehn und folgsam ihren Lehren. Dank sei dem Herrn, der mich aus Gnad' in seine Kirch' berufen hat, nie will ich von ihr weichen.*

Vom nahen Münster Unserer Lieben Frau läutete hell die Angelus-Glocke und übertönte die Geschäftigkeit der erwachenden Stadt. *Der Engel des Herrn brachte Maria die Botschaft, und sie empfing vom Heiligen Geist.* Frau Wießler sprach das Frühgebet tonlos und bekreuzigte sich, fast gewohnheitsmäßig. *Maria sprach: Sieh, ich bin eine Magd des Herrn; mir geschehe nach deinem Worte. Und das Wort ist Fleisch geworden und hat unter uns gewohnt.* Geläut wie im Frieden. Es wurde gemunkelt, daß sie die Glocken herunterholen wollen, diese erzenen Münder. Kriegswichtiges Material. Wie im ersten Krieg – und den haben wir verloren. Mein Gott! Dann erklänge das Geläut der Stille.

Dann freilich wäre der Erzbischof Gröber nicht mehr zu bremsen. Der würde auf die Barrikaden steigen. Wenn sie nur an die gewaltige Predigt vergangenen Silvester denkt. Das Münster überfüllt. Dichtgedrängt standen die Menschen und hörten der großen Bilanz zu, die der Oberhirte zog – furchtlos. Ja, der verfügte über das Wort, sprach auch die einfachen Menschen an. Und wo hatte es das schon gegeben, daß die Leute Beifall klatschten mitten in der Predigt und erst recht am Schluß. Sie hatte noch die Sätze im Ohr: „Unser Vaterland lebe hoch, aber über dem Vaterland steht Gott, und über dem Vaterland steht Christus. Ich habe einen Satz gelesen, den ich euch mitteilen muß. Der Satz lautet, Christus habe dem deutschen Volk und Vaterland nichts mehr zu sagen. Anstelle Christus sei ein anderer getreten, dessen Name ich hier auf der Kanzel nicht erwähne. Wenn man Christus vergleicht mit einem Menschen der Gegenwart, wenn man Christus vergleicht mit einem großen Menschen der Gegenwart, wenn man Christus vergleicht mit einem Genie der Gegenwart, dann gleicht dies einer Geschmacklosigkeit, einer Taktlosigkeit, einer Blasphemie. Wir wissen, wer Christus ist, kein Mensch. Menschen gleichen Menschen, Menschen leben, Menschen vergehen, andere Menschen kommen vielleicht und zerstören, was Menschen der Vergangenheit oder Gegenwart gebaut haben. Das Christus-Reich währt immer." Der Bischof hatte diese Sätze wie Hammerschläge niedergehen lassen. Kein Wunder, daß Beifall aufbrandete und durch die hohen gotischen Gewölbe wogte. Noch nie hatte sie das Münster in solcher Atmosphäre erlebt.

Aus der Bäckerei, auf der Straßenseite gegenüber, strich ein starker Duft frisch gebackenen Brotes herüber. Irmgard Wießler sog ihn genüßlich ein. Der Bäckermeister Adler war wie immer früh aus den Federn. Ein kräftiges Frühstück wird diesen grauen Oktobermorgen vergolden. Nur gut, daß sie neulich von ihrer Verwandtschaft aus dem Elztal ein ordentliches Stück Landbutter und einen Eimer Honig, Ia Schwarzwälder Tannenhonig, gegen feine Wurstwaren und einige Pfund gut abgehangenen Rostbratens eintauschen konnte. Wozu hatte man auch eine recht geführte Metzgerei. F. F. Wurstwaren Metzgerei Wießler. Unsereins ist ja nicht unbedingt auf die Lebensmittelmarken angewiesen. Und soviel konnte allemal abgezwackt werden, obwohl die Kontrollen immer schärfer wurden. Das würde aber bald ein Ende haben nach diesem schnellen Sieg über Frankreich. Wenn man bedenkt, daß im vierzehner Krieg gegen die Rothosen fast kein Stich gemacht werden konnte. Der ewige

Stellungskrieg der Schützengräben, Stacheldrahtverhaue, Unterstände. Die Vogesenfront. Um jeden Quadratmeter wurde erbittert und verbissen gekämpft. Materialschlachten und Gaskrieg. Gelbkreuz! In Stahlgewittern: Kampf als inneres Erlebnis. Und dieses Mal wurden die sieggewohnten Armeen der Grande Nation in wenigen Wochen niedergerungen. Zwei Millionen gerieten in deutsche Gefangenschaft, die meisten kampflos. Ein Wettlauf mit der Zeit, um an den Kämpfen teilzunehmen. „Darf man denn hoffen, daß man noch ins Feuer kommt?" Die deutschen Truppen eilten von Sieg zu Sieg, drängten das englische Kontingent bei Dünkirchen über den Kanal. Und das volle Geläut der Freiburger Kirchenglocken begleitete stundenlang jeden Erfolg der deutschen Armeen – die Glockenseile versagten schier den Dienst: Calais – Fall der Maginotlinie – rasche Übergabe der Metropole Paris. Welch ein Triumph! Jetzt konnten ja die aufgerissenen Flanken des elsässischen Belchen, des Grand Ballon, wieder besichtigt werden. Und die Freiburger Veteranen sollten im November eine Fahrt nach Verdun machen dürfen. Verdun! Fort Douaumont! Langemarck! Der heldenmütige Opfertod der Studentenregimenter. Entschlossen zum Sieg, mit verbissener Wut griffen die jungen Deutschen an, das Deutschlandlied auf den Lippen. Der trotzige Gesang im Todessturm ist Legende geworden. Jener 11. November 1914. Diese blutjungen Kriegsfreiwilligen waren jetzt erst gerächt. Die deutsche Ehre wiederhergestellt. Die Schmach von Versailles jetzt endgültig getilgt. Der deutsche Aar war aus der Gosse aufgestiegen. Welch schöne, großartige Bilder mit dem Führer im Kreise seiner Generäle. Der Salonwagen im Wald von Compiègne.

Die Mienen der beiden Männer waren verschlossen. Unbekannte Gesichtszüge. Von auswärts. Keine Freiburger. Hier logiere doch die Witwe Therese Sara Loewy, geborene Neuburger, die Jüdin *Sara* Loewy. Die Polizeimarke der Geheimen Staatspolizei gab der fordernden Frage das nötige Gewicht. Immer neuen Ärger hat unsereins, seit vor ungefähr zwei Jahren Frau Loewy, Frau Professor, sich als Untermieterin – unmöbliert – einquartierte. Jetzt kommen doch leibhaftige Gestapoleute. Noch nie hatte sie mit denen zu schaffen, mit den Geheimen. Freilich: die Loewy zahlte nicht schlecht mit ihrer ordentlichen Pension, Witwe eines Universitätsprofessors – satte 70 Reichsmark jeden Monat, das ließ sich sehen! Vermögen war ja auch vorhanden. Und was sie von ihrer stattlichen Wohnung drüben in der Poststraße an Möbeln noch mitgebracht hatte, zeugte von gediegenem Wohlstand. Warum sie bloß ihre herrschaftliche Wohnung aufgegeben hatte, in dieser guten Lage unweit des Colombiparks. Vielleicht war ihr alles über den Kopf gewachsen. Sie wollte weg aus der unmittelbaren Nachbarschaft zur zerstörten Synagoge, deren planiertes Gelände sie nicht mehr ertrage, hatte sie einmal geäußert. Und wahrscheinlich wandere der jüdische Hauseigentümer bald aus. Dann komme die Immobilie in arischen Besitz. Für Juden als Mieter sei dann kein Platz mehr. So habe sie rechtzeitig vorgesorgt und sich verkleinert. Schließlich wird man älter und anspruchsloser. Die Genügsamkeit des Alters.

Der Blüthner-Flügel hatte schon seinen Wert. Der mußte unbedingt mitgebracht werden. War das eine Plackerei, bis der oben war. Einen ganzen Tag hatte dann der Klavierstimmer zu tun. Immerhin: die Frau Professor spielte sehr gut – die vielen Noten, ganze Berge stapelten sich in einem Extraregal. Und die meisten Möbel waren bei der Spedition untergestellt worden, da natürlich nur drei Räume abgezweigt werden konnten. Die ganze Ausstattung war auf sechs Zimmer angelegt gewesen, wie dies üblich ist bei Professorenwohnungen. Mochten die Nachbarn und Bekannten ruhig die Mäuler zerreißen. Hatte doch neulich die Seufert aus der Nr. 14, das alte Tratschweib, mit der Albiez von Nr. 11 gegenüber so laut, daß sie es hören sollte, *dischgeriert.* Es sei eine Zumutung für die gesamte Nachbarschaft, daß diese Jüdin hier wohne. In der ganzen Katharinenstraße sonst keine Juden mehr. Man müsse sich direkt schämen. Die Katharinenstraße sonst judenfrei.

Geld riecht nicht. Auch nicht nach Juden. Freilich: die Partei – die Kreisleitung saß mit ihrem Büro fast um die Ecke – hatte dem Hermann Wießler schon ein paar Mal mit dem Zaunpfahl gewinkt – in aller Güte, aber recht deutlich. Er wolle doch weiterhin die einträglichen Lieferungen an die staatlichen Kantinen zugeschlagen bekommen. Mit einer jüdischen Untermieterin lasse sich das eigentlich nicht vereinbaren. Das sei auch und sogar in erster Linie eine Frage des deutschen Anstandes. Und die U-K-Stellung sei nicht unantastbar. Ob er lieber an die Front wolle? Ihr Mann war ja zu guter Letzt in die Partei eingetreten. 1937, als die große Welle ausgelöst wurde. Man mußte da schon ab- und zugeben, selbst wenn man gut katholisch blieb. Jeden Sonn- und Feiertag Besuch der heiligen Messe in St. Martin; hin und wieder auch den Gottesdienst bei den Kamillianern, deren Kloster fast gegenüberlag; selbstredend, da gab es überhaupt keine Diskussion. Und jetzt im Rosenkranzmonat Oktober geht sie täglich zum Rosenkranzgebet in die Kreuzgangkapelle von St. Martin, wo der Geist der alten Franziskaner noch spürbar ist. Der Mönch Berthold Schwarz. Erfinder des Schießpulvers. Sein wuchtiges Denkmal steht auf dem freien Platz, dem Rathaus gegenüber. Der schmerzensreiche Rosenkranz. Den betet sie am liebsten, in diesem ein wenig dumpfen, singenden, fast einschläfernden Gemurmel. Man kann dabei so schön seinen Gedanken nachhängen. *Der für uns Blut geschwitzt hat. Der für uns ist gegeißelt worden. Der für uns ist mit Dornen gekrönt worden. Der für uns das schwere Kreuz getragen hat. Der für uns ist gekreuzigt worden.* Ans Kreuz mit ihm, schrien einst die Juden. Sein Blut komme über uns und unsere Kinder. Sein Blut. O, Haupt voll Blut und Wunden, voll Schmerz, bedeckt mit Hohn. Ein schrecklicher Fluch der Gottesmörder. Sie haben ihren Messias dem Tode überliefert. Wenn sie nur an die großen Passionsspiele auf dem Freiburger Münsterplatz denkt. Die Massenszenen, wie da die Juden von den Hohenpriestern aufgehetzt werden. Wie sie auf die Pilatus-Frage „Wen soll ich euch freilassen: Barabbas oder Jesus, der Christus genannt wird?“ schrien: „Barabbas!“ Das ging einem durch Mark und Bein. Und dann die Kreuzigungsszene, wenn der Schlag des Hammers die Nägel ins Holz treibt. Man meinte, das splitternde Knirschen der Knochen zu hören.

Angenehm ist sie ja, die Frau Professor, unauffällig, still, in sich gekehrt, eine Greisin schon, obwohl erst 56 Jahre alt. Nur zehn Jahre älter als sie. Mein Gott! Eigentlich noch kein Alter. Mit 56 will ich nicht so aussehen. Fast keine Besucher. Nur die Frau Geheimrat Spemann brachte hin und wieder ein Buch und blieb zu kurzem Gespräch. Die konnte es sich leisten, eine Jüdin aufzusuchen, die Gattin des berühmten Nobelpreisträgers, des Professors Hans Spemann. Die Freiburger waren mächtig stolz auf diesen berühmten Wissenschaftler. Durchaus eine Ehre, daß die Frau Geheimrat zu den Wießlers ins Haus kam. Das hatte auch die Nachbarschaft neidvoll registriert. Mit ihrem Mann war sie schon einige Male draußen vor der Stadt bei den Spemann-Teichen am Fuße des Lorettobergs gegenüber der neuen Albert-Leo-Schlageter-Kaserne gewesen. Die hatten sie 1938 auf 1939 in kürzester Zeit aus dem Boden gestampft. Dort hatte der Professor die Amphibien gezüchtet, an denen er seine bahnbrechenden Experimente – ganz recht: bahnbrechend – wie es hieß, vornahm. Und dann gingen sie weiter in die nahe „Frohe Einkehr“ nach Merzhausen und tranken ihr Viertele oder auch zwei, natürlich einen Gutedel, zu einem ordentlichen Vesper. Das war badische Art, gut badische, gemütliche Lebensart.

Selten ging die Frau Professor aus, und noch seltener war ein Lesekränzchen zum Tee bei Frau Loewy eingeladen, zu einem dünnen Tee – der typische Professorentee, wie ihr Mann zu sagen pflegt – aus Vorkriegsbeständen aufgegossen, wozu altbackene Plätzchen gereicht wurden. Die hielten es halt eher mit der geistigen Nahrung.

Eine kleine Gestalt, ein wenig gebeugt, stets dunkel gekleidet, die Frau Professor. Die kam über den Tod ihres Mannes nicht weg, obwohl er nahezu sechs Jahre zurücklag. Fast jeden Tag – den Sabbat ausgenommen, wenn die normalen Christenmenschen den Samstag hatten – ging sie den weiten Weg hinaus zum Judenfriedhof an der Elsässer Straße – es fuhr ja kein Bus in diese gottverlassene Gegend – und kam jedesmal hundemüde heim – die tiefliegenden Augen voller Trauer und mit einem Blick, so als wäre sie schon gar nicht mehr auf dieser Welt. Auch ihr einziges Kind, ein Töchterlein, bereits vor dem ersten Krieg gestorben, nur wenige Monate alt, hatte dort ein kleines Grab. Nur einmal ist sie mit Frau Professor hinausgelaufen an einem heißen Augusttag – sie erinnerte sich genau, es war in jener Woche, in der die Mobilmachung angeordnet wurde und es nach Krieg roch vor gut einem Jahr –, neugierig auf diesen Friedhof, den ein Christenmensch sonst nicht betritt. Wenigstens nicht unsereins. Und schon gar nicht mehr in der jetzigen Zeit.

Ein geheuerer Ort? Der gute Ort sei es, Haus des ewigen Lebens werde die Stätte genannt und für Juden sei überall dort die Heimat, wo ihre Toten ruhten. Ihr Staub sei zur Erde zurückgekehrt, wie er gewesen ist, und der Geist zu Gott, von dem er ausgegangen ist, sagte die Frau Professor. Ob die Juden auch an die Auferstehung der Toten am Jüngsten Tag glauben? Aber sie kenne doch die im Neuen Testament, in ihrer Christenbibel, berichtete Totenerweckung des Lazarus! Wie Jesus, der Freund des Lazarus, die Schwester Martha tröstet: „Dein Bruder wird auferstehen." Martha habe geantwortet: „Ich weiß, er wird auferstehen am Letzten Tag." Martha habe damit die jüdische Lehre von der Totenerweckung am Tag Jahwes, am Tag des Herrn, wiedergegeben. Diese Anschauung beruhe auf dem Propheten Isaias, der das Endgericht verkündet habe. Und sie zitierte viele Sätze aus dem 2. Kapitel dieses Propheten. *Dann sinkt der Menschen stolzer Blick. Der Leute Hochmut wird erniedrigt. Allein erhaben ist der Herr an jenem Tag. Fort müssen alle Götzen.* Da schoß eine jähe Röte in das bleiche Gesicht der Jüdin, ihre Augen gewannen Leben, ja der Blick wurde feurig, fast fanatisch. Offenbar fand sie den Trost in den Texten ihrer Bibel, war durchdrungen von den Weissagungen, die sie über die Not und die Verlassenheit dieser Tage erhoben. Ein schweres Los hatte die Juden ereilt. Die bleibende Strafe halt für den Gottesmord. Aber was kann denn diese arme Frau dafür! Am besten läßt man das Grübeln und Nachdenken. Sonst könnte einer hintersinnig werden. Da kommt einem die Erzählung vom Ewigen Juden in den Sinn. Ihr Großvater will ihn gesehen haben: auf beständiger Wanderschaft, ruhelos, ohne Rast, nicht sterben können, warten müssen bis zum Jüngsten Tag: Ahasverus. Sie bekommt jedesmal eine Gänsehaut, wenn sie an diese unheimliche Geschichte denkt.

Asche zu Asche. Erde zu Erde. Staub zu Staub. Nie hatte sie an einer jüdischen Beerdigung teilgenommen, nur gehört, die Verstorbenen müßten innert vierundzwanzig Stunden begraben werden; das geschehe in einem kistenähnlichen Sarg, der mit einem schwarzen Tuch bedeckt sei – und alles in großer Eile, ja wie in einer Hast, fast unfeierlich. Zum Paradiese mögen Engel dich geleiten. Paradies und Hölle. Reicher Prasser und armer Lazarus. Und Lazarus, der Freund Jesu, den er aus der Grabeshöhle rief. Wie sie ihm dann die linnenen Binden, mit denen der ganze Leichnam umwickelt war, gelöst haben: „Macht ihn frei, und laßt ihn gehen!"

Da ist ihr der katholische Beerdigungsritus allemal lieber. Die schönen Gebete am offenen Grab, Weihrauch und geweihtes Wasser. Und anschließend das Requiem mit den tröstlichen Texten. *Requiem aeternam dona eis, Domine: Et lux perpetua luceat eis.* Sie verstand zwar kein Latein, kannte dennoch den Sinn der Worte. *Cum sanctis tuis in aeternum, quia pius es.* Wie köstlich einschmeichelnd die Melodik dieser Passage! Im einfachen Gregorianischen Choral gesungen.

Diese mächtigen und prächtigen Grabmale unter den schattigen Bäumen, zerbrochene Säulen aus weißem und dunklem Marmor, barocke Muschelmedaillons, eigenartige Sinnbilder eingemeißelt. Die reichen Juden. Die Namen sagten es aus, deutsche Buchstaben und hebräische Inschriften auf polierten Marmorplatten. Bankhäuser und Kaufhäuser, Fabriken und Kliniken fielen einem ein. Dann das Feld mit den einfachen Gräbern, viele Steine schon halb in den Boden gesunken und dort das bescheidene Grab des Professors mit dem einfachen Stein, in schlichter Grundform ausgeführt. Name und Jahreszahlen in deutscher Fassung: Professor Dr. Alfred Loewy 1873–1935. Eine lange Inschrift in hebräischen Schriftzügen – die muß man von unten, und zwar von rechts nach links lesen – füllte die Fläche und als Bilder eine Kanne mit Schale. Das seien Symbole des Stammes Levi, der im Priesterdienst stand. Das Buch „Leviticus" des Alten Testaments enthalte die Ordnung dieses Stammes. Und Loewy leite sich von Levi ab, klärte die Frau Professor sie auf und legte beim Abschied ein Kieselchen auf den Grabstein – zu den vielen Steinchen, die sich aufgehäuft hatten. Auch so ein seltsamer jüdischer Brauch. Was die bloß mit den Steinen haben. Die Steinigung des heiligen Stephanus, des Erzmärtyrers. Wer von euch ohne Sünde ist, werfe den ersten Stein auf sie. Und ein letzter grüßender Blick hinüber zum Kindergrab. Eine fast hilflose Gebärde.

Immer wieder die Kindertotenlieder von Gustav Mahler. Die Noten blieben stets aufgeschlagen. Nach Texten von Friedrich Rückert. Es hat auch unsereins schon interessiert, was die Frau Professor da spielte und mit dünner brüchiger Stimme, einer Altstimme, die Schulung verriet, sang: *Oft denk' ich, sie sind nur ausgegangen, / Bald werden sie wieder nach Haus gelangen, / Der Tag ist schön, o sei nicht bang, / Sie machen nur einen weitern Gang. / Ja wohl, sie sind nur ausgegangen, / Und werden jetzt nach Haus gelangen, / O sei nicht bang, der Tag ist schön, / Sie machen den Gang zu jenen Höhn. / Sie sind uns nur vorausgegangen, / Und werden nicht hier nach Haus verlangen; / Wir holen sie ein auf jenen Höhn / Im Sonnenschein, der Tag ist schön.* Sie sang in sich hinein, flüsternd am Ende und hingehaucht mit tränenlosen Augen. Diese Augen.

Ob's die noch lange machen wird. Die wächst ja schon in den Boden. Immer kleiner wird sie, kein Lebenswille mehr. Ihre Lebensmittelkarten braucht sie kaum auf, ißt nur wie ein Spatz. Die begehrten Fleischrationen werden überhaupt nicht beansprucht, da es keinen koscheren Metzger mehr gibt. Schade, daß die unverbrauchten Marken nicht an jemand anders weitergegeben werden können. Aber die haben ja den Judenstempel. Das große „J". Vielleicht gibt es da zu erben, wenn es einmal soweit ist – zumindest die Möbel und den Flügel. Auch die feine Tischwäsche. Und Silber hatte sie auch: massives Besteck, kostbares Porzellan, Meißen, alles für zwölf Personen. Angehörige scheinen nicht mehr zu leben, zumindest nicht im Deutschen Reich. Beim Stöbern am Schreibtisch waren ihr einige Blätter unter die Finger gekommen, auf denen

Notizen für eine letztwillige Verfügung standen: die jüdische Gemeinde in Freiburg, eine frühere Zugehfrau bzw. das Hausmädchen, die Frau Stefanie Dickert, eine aufdringliche Person, die den Braten gerochen haben mußte.

„*Letztwillige Verfügung. Im Falle meines Todes ernenne ich mein langjähriges früheres treues Mädchen, Stefanie, jetzige Frau Johannes Dickert, Freiburg i. B., Zähringerstr. 329a zur Verfügungsberechtigten über alle Sachwerte mit Ausnahme der bei den Banken deponierten Vermögens-Substanz. Falls sich für die Musikalien ein bevorrechtigter Erbe meldet, bitte ich Frau Fanny, ihm dieselben auszuhändigen.*

Für die Bank-Angelegenheiten ist Herr Rechtsanwalt Kassewitz, Rempartstr. 8 zuständig. Diese Verfügung gilt nur für Frau Stefanie Dickert persönlich, nicht für ihre Rechtsnachfolger. Freiburg i. B. 4. Dezember 1938. Frau Therese Loewy geb. Neuburger. Nachtrag.

Außer umstehenden Sachwerten soll Frau Stefanie (Fanny) Dickert auch aus meinem Bankguthaben M 1000.-/ Eintausend bar ausgezahlt erhalten, zur Erinnerung an mich und als Dank für ihre Treue.

Freiburg i. B. 12. Mai 1940. Frau Professor Loewy Therese Sara, geb. Neuburger.“

Nun ja: jüdische Gemeinde? Wenn es einmal keine Juden in Freiburg mehr geben wird. Wie viele waren schon ausgewandert, gerade die jungen. Die paar Hundert alter Juden würden eines schönen Tages das Zeitliche gesegnet haben. Aber diese Fanny Dickert. Was heißt da treu! Nun gut, die war sicher vom Schwarzwald heruntergekommen, kleiner Leute Kind, der Vater froh, daß ein Esser weniger am Tisch saß. Und sie verdiente sich was und lernte die feinere Küche im Professorenhaushalt. Anhänglich, aber auch berechnend. Mit der ist nicht gut Kirschen essen. Die ist fein heraus. Den Rechtsanwalt Kassewitz kennt sie gut. Auch ein Jude. Der hatte früher eine Bombenkanzlei. Doch wer geht schon heutzutage zu einem jüdischen Advokaten.

Ja, die Frau Professor Loewy logiere hier: Therese Sara. Eigenartig, daß die Jüdinnen alle Sara heißen mußten. Damit man sie von den Ariern auf Anhieb unterscheiden könne, wurde gesagt. Als ob unsereins die Frau Professor nicht von weitem schon als nichtarisch erkennen würde: dieses typisch jüdische Gesicht, das Gesicht einer alten Jüdin. Verblühte Schönheit. Jüdinnen sind in der Jugendzeit schön, sagt man. Und die vergilbten Photographien aus der früheren Zeit belegten diese Meinung. Ehemals eine hübsche Person.

Irmgard Wießler konnte freilich nicht wissen, was die preußisch-deutsche Bürokratie am 17. August 1938 in der zweiten Verordnung zur Durchführung des Gesetzes über die Änderung der Familiennamen und Vornamen verfügt hatte: *Juden dürfen nur solche Vornamen beigelegt werden, die in den vom Reichsminister des Innern herausgegebenen Richtlinien über die Führung von Vornamen aufgeführt sind ... Soweit Juden andere Vornamen führen, als sie nach § 1 Juden beigelegt werden dürfen, müssen sie vom 1. Januar 1939 ab zusätzlich einen weiteren Vornamen annehmen, und zwar männliche Personen den Vornamen Israel, weibliche Personen den Vornamen Sara.* Was als verwerflicher Schimpfname gedacht war – sie wußten nicht, daß Sara die Fürstin ist, die Mutter von Völkern und Königen, das Weib Abrahams, lange unfruchtbar, die spät den Isaak gebar, Stammutter Israels. Ein Ehrenname!

Sie wußten nichts von der Bedeutung und der Kraft des Namens Israel, sie kannten nicht die Fülle des Reichtums, die dieser Name barg: *So spricht der Herr, Israel ist mein erstgeborener Sohn* (Ex 4,22). Die Glorie Gottes wohnt in Israel. Ein Ehrenname fürwahr!

Und damit die arischen Deutschen eine Leitlinie für die künftige Namengebung erhielten, erließ das Reichsinnenministerium am 18. August 1938 Richtlinien: Kinder deutscher Staatsangehöriger sollen *grundsätzlich* nur *deutsche* Vornamen erhalten. *Es dient der Förderung des Sippengedankens, wenn bei der Wahl der Vornamen auf in der Sippe früher verwendete Vornamen zurückgegriffen wird.* Als da sind: Dirk, Meinert, Uwe, Karl, Frauke, Sigrun, Wiebke. Zu empfehlen auch die arischen Namen Björn, Sven, Ragnhild. Aber was machen mit ursprünglich jüdischen Namen? Johannes, Joachim, Anna, Elisabeth, Maria, Josef. Die seien seit Jahrhunderten *eingedeutscht* – im *Volksbewußtsein* nicht mehr als *fremd* angesehen. Und sind diese Namen nicht regelrecht volkstümlich geworden: Hans, Liesel, Sepp. Schließlich trug der Reichspropagandaminister Dr. Goebbels auch den ehrlichen Namen Josef. Der aus dem Rheinischen stammende „Jupp". Ob der wohl den 19. März, den Josefstag, feiert? Ja, wenn Therese Loewy Abigail gerufen worden wäre oder Beile, Cheile, Chinke, Deiche, Driesel, Egele, Faugel, Feile, Fradchen, Gittel, Geilchen, Hitzel, Igttel, Kreindel, Libsche, Mathel, Milkele, Peirche, Peschen, Pirle, Rachel, Reitzsche, Schlämche, Sprinze, Tirze, Treibel oder Zorthel, dann brauchte sie den zusätzlichen Vornamen nicht. Doch der gutbürgerliche, arisch klingende und gar christliche Name Therese! Therese von Avila. Therese von Lisieux. Die kleine Therese vom Kinde Jesus, große katholische Heilige.

Dahinter vermutet man keine Jüdin. Ich habe deinen Namen in meine Hand eingeschrieben. Ich habe dich bei deinem Namen gerufen. Siehe, du bist mein.

Doch, die Frau Professor Loewy wohne als Untermieterin hier seit dem Frühjahr 1939. Ihre große Wohnung drüben in der Poststraße konnte damals einem verdienten Parteigenossen zugeteilt werden. Man habe sich also im deutschen, im nationalen Interesse verhalten, wenn unsereins die Jüdin aufnahm – nur zur Untermiete, versteht sich. Irgendwo mußte sie ja bleiben bei all ihrer Einsamkeit. Sie kann einem schon leid tun. Die hat sich doch nichts zuschulden kommen lassen? Devisenvergehen vielleicht? Man hört da so mancherlei – von Schiebereien in die Schweiz. Aber die Frau Professor war dazu nicht fähig, nein, die nicht.

Eigentlich hatte Therese Loewy, die Witwe des weiland ordentlichen Professors der Mathematik an der Universität Freiburg Alfred Loewy, der mit Wirkung vom 1. Dezember 1933 gemäß dem Reichsgesetz zur Wiederherstellung des Berufsbeamtentums in den vorzeitigen Ruhestand versetzt worden war und am 25. Januar 1935 nach kurzer Krankheit durch ein gnädiges Geschick aus dieser Welt abberufen wurde, bevor den deutschen Juden weitere Schmach angetan wurde, das Schrillen der Hausglocke zu früher Morgenstunde tagtäglich erwartet seit jener schlimmen Nacht, als die Synagoge der Freiburger Judenschaft, unmittelbar neben der Universität gelegen, in Flammen aufgegangen war und man sie so beschädigt hatte, daß aus Sicherheitsgründen der völlige Abbruch geboten war – auf Kosten der israelitischen Gemeinde Freiburgs, versteht sich. Denn auf ihr ruhte die Baupflicht. Das deutsche Volk in Notwehr. Längst fällige Abwehrreaktionen gegen jüdisches Verbrechertum, schrien die Leitartikler der gleichgeschalteten Presse. Eines aber wissen wir: *Deutschland ist nicht ganz wehrlos der Mordgier einer von Gott verfluchten Rasse ausgeliefert. Noch haben wir ein sicheres Faustpfand in den Händen, das wir einzusetzen vermögen, und das heute nach der neuen Untat des Weltjudentums auch eingesetzt werden muß. Innerhalb unserer Grenzen leben noch Hunderttausende dieses zum großen Teil noch schwer reichen Verbrechergesindels.* Heinz Hugo Krische von der „Freiburger Zeitung“ gab dem gesunden Volksempfinden beredten Ausdruck – mit solchen Sätzen. Dabei zählte er noch zu den Harmloseren seiner Gattung.

Und wenn sich das ursprünglich gestimmte deutsche Wesen gegen das fremdländische Judentum aufbäumt, wenn der Wille zum geschichtlichen geistigen Auftrag des deutschen Volkes sich in der Vernichtung der jüdischen Kultstätten offenbart, dann ist dies ein Zeichen des Gehorsams der Schickung des Seins gegenüber. Der Führer selbst hat diesen Willen *im ganzen Volk zu vollem Erwachen gebracht und zu einem einzigen Entschluß zusammengeschweißt.* Die Thora-Rollen verhöhnt und entweiht, die silbernen Thoraschilde geplündert. Das Haus Gottes eine Stätte der Verwüstung, ein Ort des Greuels. *Wie freute sich mein Herz, als sie mir sagten: wir gehen in das Haus des Herrn!*

Jene Stunden vom 9. auf den 10. November 1938 wollten nicht weichen, blieben eindringlich gegenwärtig. Es gab hier keinen Fortschritt der Zeit, keine Zukunft, alles war Gegenwart bleiern-schwer – tief eingebrannte zeitlose Präsenz, wie Lavagestein erstarrt, die grausigen Formen des Augenblicks bewahrend. Im Nu des Vorbeigangs, im beständig Gegenwärtigen blieb die knappe Zeitspanne der wenigen Stunden versammelt zu einer überwältigenden Unmittelbarkeit. Auch das leichtschwingende Zwitschern und Singen der Vögel übertönte und verdrängte nicht das prasselnde Geräusch des brennenden Dachstuhls und das Getöse der einstürzenden Kuppel. Ein schaurig-schönes Schauspiel, wie es im Theater nicht geboten werden konnte. Das Bersten der farbig gefaßten Fenster, aus denen die Flammen jäh aufschlugen und sich mit dem Feuermeer im Dachstuhl vermählten. *Auch die Freiburger Synagoge wurde in den heutigen Morgenstunden in Brand gesetzt. Von seiten der Behörden sind sofort die Aufräumungsarbeiten in Angriff genommen worden, die sich äußerst schwierig gestalteten und umfangreiche Sprengungen erforderlich machten. Über 100 Juden wurden in Schutzhaft genommen.* Schutzhaft – welch schonende Bezeichnung, aus dem Wörterbuch des Unmenschen. Die Juden in Schutz nehmen, auf daß der gerechte Volkszorn sie nicht treffe. *Der Herr ist mein Schutz und Schirm, nichts wird mir fehlen. Auch wenn ich gehe im Tal des Todesschattens, ich fürchte nichts Böses, denn du bist bei mir.* Stumm und wohl auch erschüttert standen Tausende Freiburger in jener Nacht auf der Bertoldstraße, auf der Theaterrampe, auf der Werderstraße, und zwischen der SA-Kette schlüpften die neugierigen Buben herum, zurückgepfiffen von den Polizisten, wenn sie sich zu weit vorgewagt hatten. Seltsam nur, daß die städtische Feuerwehr nicht direkt eingriff, sondern sich darauf beschränkte, die unmittelbar benachbarte Universität vor Funkenflug zu schützen. 1870 war in Freiburg die Synagoge auf dem Rempart feierlich eröffnet worden, damals noch an der Peripherie der Stadt gelegen, die jedoch die Erschließung der alten Festungsanlagen des französischen Baumeisters Vauban durch die Anlage des Werderrings plante – ein künftiges zentrales Quartier der Breisgaumetropole. Bis dahin hatte sich die noch junge israelitische Gemeinde mit einem Betsaal in einem Hinterhaus begnügt. Dieses freilich mündete zum Mißvergnügen der Freiburger christlichen katholischen Einwohner auf den Münsterplatz, gleichsam auf einen geweihten Ort, den Juden eigentlich nicht betreten sollten.

1870 war noch nicht abzusehen, daß vierzig Jahre später die neuen Universitätsgebäude in unmittelbarer Nachbarschaft zur jüdischen Kultstätte durch den Großherzog Friedrich II. von Baden in prunkvoller Weise eingeweiht würden. Synagoge und neues Kollegiengebäude grüßten sich seitdem, standen gleichsam im Dialog – ja man konnte den Eindruck gewinnen, als schmiege sich das Haus des Gottes der Juden schutzsuchend an die mächtigen Steinquader der Universität, der auf der Stirnseite der Aula (Außenwand) die Inschrift eingemeißelt war: „Die Wahrheit wird euch freimachen" – Johannesevangelium. Es sollte kein Vierteljahrhundert ins Land gehen, bis über dem Haupteingang dort, wo Aristoteles und Homer die Wacht halten, zu lesen stand: „Dem ewigen Deutschtum" (1935/36). Längst war die Universität judenfrei – Lehrende und Lernende entstammten lupenrein der arischen Rasse, und die Universität kam ihrer nachbarlichen Schutzpflicht nicht nach, als in der Nacht vom 9./10. November 1938 die Freiburger Synagoge zerstört wurde. Ein Gotteshaus wurde vernichtet, das Werk von SA-Horden nur?

Der Brandgeruch hatte sich in den Straßen festgefressen, in die Häuserfassaden eingenistet, sich mit der wuchtigen Architektur des gegenüberliegenden Stadttheaters verschmolzen und sich wie ein grauer Schleier auf die Goldbuchstaben der großen Inschrift gelegt, die um die Außenmauer der Universitätsaula lief: Freiheit durch die Wahrheit. Zur Freiheit der Kinder Gottes. Zur gottgeschenkten Freiheit, wodurch ein Mensch aus der Knechtschaft der Sünde befreit und in die Freiheit des göttlichen Geistes gelangt. Die Gelehrten dieser Universität freilich verstanden es anders, so wie sie es in dem erzenen Sockel der mächtigen Aristoteles-Gestalt am Haupteingang der Universität eingießen ließen – die Wahrheitssuche des Menschen, das Streben nach Erkenntnis. Alle Menschen verlangen von ihrer Natur her nach dem wissenden Erkennen. Aber was ist Wahrheit? (Joh 18,38) Diese berühmte Pilatus-Frage, dieses Ausweichen vor der Wahrheit, der göttlichen Wahrheit, diese Flucht in die Beliebigkeit, das Haschen nach irgendeiner Wahrheit. Die Wissenden, die wenigen Wissenden wußten das Geflecht von Raum und

Zeit, den Zeit-Raum, in dem sich dies ereignete und Ereignis blieb. Wer die Hand gegen Gott erhebt, dem verdorre sie.

Das Wesen der Wahrheit ist die Lichtung für das Sichverbergen. Die Wahrheit ist das erste Wahre, und zwar lichtend-verbergend, des Seyns. Das Wesen der Wahrheit liegt darin, als das Wahre des Seyns zu wesen und so Ursprung zu werden für die Bergung des Wahren im Seienden, dadurch dieses erst sein wird. Solches lehrte Martin Heidegger in der Aula, sich wohl bewußt, gegen den johanneischen Spruch an der Außenwand anzukämpfen – er, der apostatische Katholik, der den christlichen Gott als Ursprung allen Seins für abgesetzt und gar für tot erklärt hatte. Der Logos des Herakleitos gegen den Logos des Johannes gesetzt.

Immer wieder hatten die Loewys über das Denken und die Sprache dieses Philosophen – rätselhaft – nachgedacht. Ein Geraune. Dieser kleingewachsene Heidegger, der abgebrochene Theologe, als schüchterner Student der Mathematik vor langer Zeit – es waren die Jahre vor dem großen Krieg – in den Vorlesungen und Übungen des Professor Loewy, hochbegabt und vielversprechend, dann der Philosophie hingegeben, gelegentlich wieder bei Loewy auftauchend auf der Suche nach einem Habilitationsthema, angesiedelt zwischen Philosophie und mathematischer Logik und übergreifend auf das Gebiet der Zahlentheorie – es wurde nichts daraus. Man habe ihm nahegelegt, ein Problem der scholastischen Philosophie zu behandeln, da dies für seine wissenschaftliche Laufbahn als katholischer Gelehrter wichtiger sei, als sich auf wenig erprobte Fragestellungen einzulassen. Er hatte sich sehr stark von Edmund Husserl beeinflussen lassen. Und der kam ja aus der Mathematik. Dieser fromm-katholische Mesnersohn aus Meßkirch. Aus kleinen Verhältnissen. Für das Priestertum bestimmt. Die große Kehre gewinnend, der Weite des

Himmels sich öffnend und zugleich in das Dunkel der Erde wurzelnd. Bis dann sein Stern aufging, hell leuchtend, in Marburg und in Freiburg, in alle Welt ausstrahlend. Auf einen Stern zugehen. Welche Sprachgewalt in den Vorlesungen! Ungewöhnlich, provozierend, schockierend. Da muß jedes Wort gewogen werden. Man muß es auf der Zunge zergehen lassen wie schweren Wein, dessen Körper sich nicht ohne weiteres erschließt. Die Sprache spricht. Die Sprache verzaubert. Sie kann auch verführen und einen in die Irre gehen lassen.

Verstohlen mischten sich die Loewys gelegentlich unter das Auditorium, vom forschenden, ja bohrenden Blick des einstigen Schülers erkannt und festgebannt. *Die Sprache ist das Haus der Wahrheit des Seins. In ihrer Behausung wohnt der Mensch. Die Denkenden und Dichtenden sind die Wächter dieser Behausung.* Die Wahrheit aber wird euch freimachen. Und die Juden sagten zu Jesus: Wir sind doch Kinder Abrahams und waren niemals bei irgend jemand Knechte. Wie magst du sagen: Ihr werdet frei werden. Was ist Wahrheit?

Nein, Loewy konnte nicht im mindesten ahnen, daß dieser selbe Heidegger, sein einstiger gelehriger Adept – wie aufmerksam hatte er doch im Wintersemester 1911/12, im Sommersemester 1912 und im Wintersemester 1912/13 seine Vorlesungen besucht und Woche für Woche die Übungsaufgaben abgeliefert, ordentlich ausgeführt – längst die weltentscheidende Alternative gefunden hatte auf der beständig fragenden Suche nach dem Sein, lange bevor er am 27. Mai 1933 in eben dieser freimachenden Freiburger Universitätsaula die berühmte Rede als antretender Rektor hielt wie ein Soldat, voller Sehnsucht nach Härte und Schwere, bereit für die Stahlgewitter, eingetaucht ins Fahnenmeer der Hakenkreuze, badend in diesem blutigen Rot und umstanden, ja umwallt von den braunen Uniformen, den sturm- und kampferprobten Männern mit Schulterriemen, die Hakenkreuzarmbinde voller Stolz zeigend, Koppel und Sturmmütze, die Breeches-Hosen an den gamaschierten Beinen, diese Pseudoknobelbecher. *Als die goldne Abendsonne sandte ihren letzten Schein, letzten Schein, zog ein Regiment von Hitler in ein kleines Städtchen ein, Städtchen ein.*

Die deutsche Universität erhob in diesem Denker stolz das Haupt, sich selbst behauptend, ihre Stirn bezeichnet mit dem Zeichen des Hakenkreuzes, gesalbt mit dem Öl der Sprache, der Umwälzung des Daseins verpflichtet. Dieses Zeichen des gleißenden Sonnenrades, aber auch das Signum des apokalyptischen Tieres, ja die Karikatur des Kreuzes der Christen. *Wollen wir das Wesen der Wissenschaft im Sinne des fragenden, ungedeckten Standhaltens inmitten der Ungewißheit des Seienden im Ganzen, dann schafft dieser Wesenwille unserem Volke seine Welt der innersten und äußersten Gefahr, d. h. seine wahrhaft geistige Welt. Denn „Geist" ist weder leerer Scharfsinn noch das unverbindliche Spiel des Witzes, noch das uferlose Treiben verstandesmäßiger Zergliederung, noch gar die Weltvernunft, sondern Geist ist ursprünglich gestimmte, wissende Entschlossenheit zum Wesen des Seins.*

Alfred Loewy, der längst erblindete Mathematiker, der in Begleitung seiner Frau in der hintersten Reihe der dicht gefüllten Aula noch einen Platz gefunden hatte, nicht mehr offiziell geladen, da als Jude vorläufig beurlaubt, aber in diesen Zeiten des nationalen Umbruchs wachen Geistes und am Schicksal seiner Universität leidend, zuckte bei diesen Sätzen zusammen: Geist nicht das uferlose Treiben verstandesmäßiger Zergliederung. Was tat die Mathematik anderes? Analysis. Er, der Mathematiker Loewy, war gemeint – zumindest mitgemeint, hatte doch seinerzeit der Student Heidegger bei ihm Theorie der Differentialgleichungen, Differential- und Integralrechnung belegt und die Rationalität der mathematischen Methode zur Genüge erfahren und sich in sie versenkt.

Und die geistige Welt eines Volkes ist nicht der Überbau einer Kultur, sowenig wie das Zeughaus für verwendbare Kenntnisse und Werte, sondern sie ist die Macht der tiefsten Bewahrung seiner erd- und bluthaften Kräfte als Macht der innersten Erregung und weitesten Erschütterung seines Daseins. Eine geistige Welt allein verbürgt dem Volke die Größe. Denn sie zwingt dazu, daß die ständige Entscheidung zwischen dem Willen zur Größe und dem Gewährenlassen des Verfalls das Schrittgesetz wird für den Marsch, den unser Volk in seine künftige Geschichte angetreten hat. Das Schrittmaß für den Marsch des deutschen Volkes in seine künftige Geschichte. Welche Sprache und welche prophetische Gabe des Philosophen! Er wird später viele Briefe schreiben, auch Briefe der Trauer über die Gefallenen, über seine Schüler, die in den Heldentod marschieren, wie es ihnen bestimmt ist, im Schrittgesetz und im Schrittmaß dieses Marsches in den Tod, geworfen in den Tod. Wanderer, kommst du nach Stalingrad. *Für uns Zurückbleibende,* so wird er einst den verzweifelten Müttern zusprechen, *ist der Schritt schwer zu dem Wissen, daß jeder von den vielen jungen Deutschen, der heute aus einem noch echten Geist und ehrfürchtigen Herzen sein Leben zum Opfer bringt, das schönste Geschick erfahren darf.* Er wird dunkel verhüllte Worte finden nach dem Muster: Diese heldischen Toten werden wohl erst nach einem Jahrhundert die innerste Berufung der Deutschen für den Geist und die Treue des Herzens wiedererwecken. Und dieses verborgene Wirken sei wesentlicher als jede noch so bedeutende wissenschaftliche Leistung. *Die Sterblichen sind die Menschen. Sie heißen die Sterblichen, weil sie sterben können. Sterben heißt: den Tod als Tod vermögen. Nur der*

Mensch stirbt. Und diese jungen heldischen Menschen sind vorgelaufen zum Tode – Vorläufer beispielhaft! „Der Tod wird dem Dasein nicht bei seinem ‚Ende' angestückt, sondern als Sorge ist das Dasein der geworfene (das heißt nichtige) Grund seines Todes. Die das Sein des Daseins ursprünglich durchherrschende Nichtigkeit enthüllt sich ihm selbst im eigentlichen Sein zum Tode. Das Vorlaufen macht das Schuldigsein erst aus dem Grunde des *ganzen* Daseins offenbar. Die Sorge birgt Tod und Schuld gleichursprünglich in sich. Die vorlaufende Entschlossenheit versteht erst das Schuldigseinkönnen *eigentlich und ganz*, das heißt *ursprünglich.*"

Edmund Husserl hatte 1928 ein Exemplar von Heideggers „Sein und Zeit" den Loewys dediziert, als Sonderdruck des „Jahrbuchs für Phänomenologie und phänomenologische Forschung" von ihm publiziert. Ja, sie sollten sich hineinversenken, um zu begreifen, welche Tiefen der Gedankenwelt auszuloten seien. Er selbst verstehe den Meisterschüler nicht mehr in jeglicher Hinsicht, hoffe jedoch, daß Heidegger sein Werk fortsetzen und auf einsame Höhen führen werde. Oft las Therese Loewy ihrem Mann schwierige Satzgebilde vor. Doch was sollten sie mit solchen Passagen anfangen, die um das Todesproblem kreisten. Solches Denken war ihnen, den gläubigen Juden, zutiefst fremd. Sie hatten ein anderes Todesverständnis, das sich aus den heiligen Texten erschloß.

Es muß sich also alles fügen in der fügenden Fuge, auch wenn es das Bett des Prokrustes ist, von dem das Maß der Fuge genommen wird. Und er wird den deutschen Müttern seine Hölderlin-Interpretation „Wie wenn am Feiertage" zuschicken, später, wenn der deutsche Angriff auf Sowjetrußland, das Unternehmen „Barbarossa", im allzu frühen Wintereinbruch steckenbleibt und der Tod aus den Stalinorgeln reiche Beute macht und die Steppenwölfe die wundgeschossenen Infanteristen in den Tod reißen. Wie wenn am Feiertage. Die toten Helden werden in einem eigentümlichen Glanz gegenwärtig bleiben, da sie aus der Ehrfurcht vor dem Wesentlichen gelebt haben. Seid in diesem Trost getröstet, deutsche Mütter, die Häupter im tapferen Stolz erhoben! Selbstbehauptung der deutschen Mütter.

Als zum guten Beschluß der Führer-Rektor den Sturm beschwor, in dem alles Große stehe, wurde dies sinnfällig im Horst-Wessel-Lied – *SA marschiert mit ruhig festem Schritt.* Die Loewys erschauerten, als diese neue Nationalhymne der Bewegung aufbrauste – die eigentliche Hymne der Deutschen – in der ehrwürdigen Aula der Freiburger Universität, in einem wirren Stimmengewoge, die rechten Arme steil emporgereckt, schier aus den Gelenkkapseln gerissen, Stolz in den siegverzerrten Gesichtern der Alten Kämpfer, denen der Schweiß von den Backen rann. Die Luft war dumpf geworden in dem überfüllten Prachtraum der Hohen Schule. Ganz in Gelb gehalten, auf dessen Hintergrund das Rot der Hakenkreuzfahnen brannte. *Die Fahne hoch, die Reihen dicht geschlossen! SA marschiert mit ruhig festem Schritt. Kam'raden, die Rotfront und Reaktion erschossen, marschiern im Geist in unsern Reihen mit.* Kam'raden, marschiern – dieses unsägliche, vom Marschrhythmus diktierte Deutsch des Sturmführers Horst Wessel. *Die Straße frei den braunen Bataillonen! Zum letzten Mal wird nun Appell geblasen.*

Welcher Kontrast zu dem großartigen Fresko des Jugendstilmalers Hans Adolf Bühler in der Vorhalle zur Aula: Prometheus spendet den Menschen das Feuer, das Licht, macht sie sehend und gibt ihnen die lebendige Wärme. Der Urheber aller Erkenntnis, der die Menschen auf eine höhere Stufe des geistigen Lebens erhebt, Prometheus, der Meister aller Wissenschaft. Prometheus, der Vor-Denker. Wo aber bleibt Epimetheus, der Nach-Denker? Wer freilich dachte in solchen Stunden der innersten Erschütterung nach, da es nur auf die Umwälzung des deutschen Daseins ankam!

Nein, Alfred Loewy konnte damals nicht wissen, daß Martin Heidegger längst die weltentscheidende Alternative erdacht hatte, daß diese Worte der Rektoratsrede schon 1929 formuliert waren, ja auf dem Grund seines Denkens erblüht waren, als der Philosoph diese Sätze in einem Brief schrieb – an den Vizepräsidenten der Notgemeinschaft der deutschen Wissenschaft, dem badischen Landsmann in der fernen Reichshauptstadt, Viktor Schwoerer:

Es geht um nichts Geringeres als um die unaufschiebbare Besinnung darauf, daß wir vor der Wahl stehen, unserem deutschen Geistesleben wieder echte bodenständige Kräfte und Erzieher zuzuführen oder es der wachsenden Verjudung im weiteren und engeren Sinne endgültig auszuliefern. Wir werden den Weg nur zurückfinden, wenn wir imstande sind, ohne Hetze und unfruchtbare Auseinandersetzung frischen Kräften zur Entfaltung zu verhelfen. Bodenständige Kräfte, frische Kräfte. Statt der wurzellosen, verbrauchten Kräfte, die aus dem jüdischen Geist rührten. Zum Absterben verdammt. Überhaupt diese Jahre der dahinsiechenden Weimarer Republik, gesättigt mit bösen antisemitischen Attacken. Die Loewys hielten sich seit langem die „Süddeutschen Monatshefte". Und da kam die Septembernummer 1930 ins Haus, zeitgleich mit dem spektakulären Wahlerfolg der Nationalsozialisten bei den Reichstagswahlen. Der Durchbruch: ein Anstieg von 12 auf 107 Mandate. Und diese Herbstnummer war der „Judenfrage" gewidmet. Da fanden sie den schlimmen Beitrag des so viel diskutierten Schriftstellers Ernst Jünger, des Stahlgewitter-Jünger. Träger des Pour le mérite, 1740 vom großen Preußenkönig gestiftet. „Über Nationalismus und Judenfrage", Der Jude als das gefährliche, ansteckende und zerstörende Subjekt, „am Deutschen virulent". Arge Sätze: *Die wirksamste Waffe gegen ihn, den Mei-*

ster aller Masken, ist: ihn zu sehen. Der Zivilisationsjude klammert sich in seiner Masse noch an den Liberalismus an, dem er ja nicht weniger als alles verdankt. Freilich hat seine Dialektik, jenes endlose Feuilletongeschwätz der Zivilisation, sich so verdünnt, daß es auch harmlosen Geistern Übelkeit zu erregen beginnt. Als einer der vorletzten Versuche, die alte Stellung zu halten, läßt sich die Beteiligung des Juden am Versuche einer legitimistischen Restauration mit Sicherheit voraussagen. Im gleichen Maße jedoch, in dem der deutsche Wille an Schärfe und Gestalt gewinnt, wird für den Juden auch der leiseste Wahn, in Deutschland Deutscher sein zu können, unvollziehbarer werden, und er wird sich vor seiner letzten Alternative sehen, die lautet: in Deutschland entweder Jude zu sein oder nicht zu sein. Wenn dieses neue Deutschland an die Macht gelangen sollte, würde für die Juden kein Platz mehr sein, da sie in Deutschland keine Deutschen sein können. Jede Nation braucht ihren Herakles als Typ und Gestalt des Helden. Die Deutschen finden ihre eigentümliche deutsche Gestalt in der *Gestalt des Deutschen Reiches als einer auf ihren eigentümlichen Wurzeln ruhenden Macht.* Ernst Jünger ein Herold dieser tröstlichen Botschaft, Ernst Jünger die Gestalt des deutschen Herakles. Er wird diese Sätze überleben, Schnee von gestern. Was kümmert einen das Einstige, versunken in der Traumwelt. Solche Texte sind im Giftschrank aufzubewahren.

Der Brandgeruch der Reichspogromnacht vom November 1938 wollte nicht weichen – auch nicht in jenem Oktober 1940 –, er fiel nicht mit dem späten Laub der Bäume, das der herbstliche Wind von den Ästen fegte, nein, er hockte in den Büschen des Parks. Jeder mußte ihn schmecken, dem die Geschmacksnerven nicht erstorben waren. Und die Fratze des Judenhasses schwebte über dem geräumten Gelände der Gebetsstätte neben dem Sandsteingebäude der

Universität: roter Sandstein, wohlbehauen und wohlgefügt, wie für die Ewigkeit errichtet. Daneben ein trostloser Ort der Verwüstung, durch einen Zaun vor neugierigen Blicken verborgen. Nur ein schmales Tor gab Einlaß den wenigen frommen Juden, die sich am Sabbat und zu den Festen noch in einem winzigen Betsaal eines unzerstört gebliebenen Nebengebäudes versammelten. Die kleine Herde.

Und die Fratze des Judenhasses grinste aus den Tageszeitungen. *Wir haben begonnen, das Elsaß von allen jenen Elementen zu befreien, die dem elsässischen Volk seit Jahrhunderten zum Verhängnis werden. Wir haben Juden, Franzosen und deren unbelehrbare Trabanten entfernt. Das Elsaß soll künftig wieder den deutschen Elsässern gehören. Fremde können hier nicht beheimatet, sie können allenfalls Gäste sein* – der Gauleiter und Reichsstatthalter von Baden und jetzt Chef der Zivilverwaltung im Elsaß, Robert Wagner, hatte am 20. Oktober 1940 bei einer Großkundgebung in Straßburg, auf dem Boden der alten deutschen freien Reichsstadt, das Elsaß für immer heim ins Reich geholt. In der weiträumigen Markthalle hatten sich Zehntausend zusammengedrängt, viel mehr Menschen lauschten draußen vor den Lautsprechern den markigen Sätzen, die in die Köpfe gehämmert wurden. Auf einem großen Podium, geziert von einem goldenen Hoheitsadler, hatten die vereinigten Musikzüge Freiburgs sowie die Singschar der Freiburger Hitlerjugend unter der Leitung von Walter Müllenberg Aufstellung genommen. Das war der Beitrag der Breisgaustadt, der Perle des Schwarzwaldes, zum Aufmarsch im Elsaß. Ein würdiger Chor „Lang war die Nacht" leitete die Großkundgebung ein, während von der höchsten Turmspitze des Straßburger Münsters, des deutschesten aller rheinischen Dome, des Bauwerks, das Erwin von Steinbach geschaffen hatte, die Hakenkreuzfahne wehte. Das Straßburger Münster müsse zur Kultstätte des

Deutschtums werden, da der Bischof von Straßburg, dieser Französling, seit Wochen in das Vichy-Frankreich abgeschoben sei; das verlangten die Deutschen Christen lautstark. Die Studierenden der katholischen Theologie sollten aus Straßburg nach Freiburg übersiedeln, auf daß die künftige Reichsuniversität Theologie-frei sein könne: Straßburg hinfort das Zentrum des deutschen Geistes. Lang war die Nacht. „Lang war die Nacht und lang war die Not, wir lagen müde und verlassen. Schlich nicht die Pest und schlich nicht der Tod mit grauem Gesicht durch die Gassen? Tambour, schlag an, jubelnder Laut, wie knattern schon die Fahnen! Tambour, Gott will uns mahnen, Volk brich auf!" Die Weltnacht. Lang währt die Zeit, es ereignet sich aber das Wahre. Wachet auf!

Die Rede des Parteimannes, die mit dem Weckruf „Deutsches Elsaß erwache!" schloß, riß die Massen ein letztes Mal zu Beifallsstürmen hin. Mit einem dreifachen Sieg-Heil auf Großdeutschland und seinen Führer Adolf Hitler, mit dem Deutschlandlied und dem Horst-Wessel-Lied – Die Fahne hoch, die Reihen dicht geschlossen! – fand die eindrucksvolle Veranstaltung ihren würdigen Abschluß. „Warum ist es am Rhein so schön? Es braust ein Ruf wie Donnerhall, wie Schwertgeklirr und Wogenprall: Zum Rhein, zum Rhein, zum deutschen Rhein! Wer will des Stromes Hüter sein? Lieb Vaterland, magst ruhig sein: Fest steht und treu die Wacht am Rhein!" Ja, mit dem Sieg über Frankreich haben der Schwarzwald und die Rheinebene aufgehört, unmittelbares Grenzland zu sein. Jetzt wird die politische Einheit des oberrheinischen Raumes wiederhergestellt. Die Universität Freiburg ist fürderhin keine Grenzlanduniversität mehr. Neues Leben und eine neue Kultur werden erblühen. Jetzt dürfen wir wieder drüben in Colmar vor der liebholden Maria im Rosenhag des Martin Schongauer sinnen und uns von dem urgewaltigen Isenheimer Altar des Meisters Grünewald erschüttern lassen. In der fahlen Dämmerung, vor dem nachtschwarzen Tag, hängt der elend zugerichtete, von den Wunden der Geißelung übersäte und von der Schmach der Dornen verhöhnte tote Jesus. Es ist die Nacht von Golgotha. Unter dem blauschwarzen Himmel sind die Konturen der Landschaft kaum mehr sichtbar. Die satten Farben des Sommers sind erloschen, aufgesogen von der Schwärze der Trauer. Vor der nächtlichen Düsternis des verfinsterten Sonnentages hebt sich in den grellfahlen Tönungen der gepeinigte Tote ab. Die grausame Gegenwart des Todes überfällt den Betrachter – unmittelbar, unvermittelt, unerbittlich. Die Qual des ans Kreuz gehängten Jesus, dessen Füße, von dem riesigen Nagel aufgerissen und verdreht, in grünlicher Fäulnis blühen. Wäre da nicht die Auferstehung, in unirdisch jubelnden, ja überirdischen Farben den Sieg des Auferstandenen über den Tod verkündend, die Schwärze der Todesnacht durch das geschmolzene Silber und das gleißende Gold des Ostermorgens vertreibend. Und die schönen Kupferstiche des Martin Schongauer liegen in den Vitrinen bereit.

Die Zeitungen überschlugen sich zugleich in ihren Jubelberichten über ein erfolgreiches Jahr 1940, in dem es nach dem leichten Sieg über Frankreich nun gegen „Engelland" ging – *Wenn wir fahren, wenn wir fahren gegen Engelland, ahoi. Gibt mir deine Hand, deine weiße Hand, denn wir fahren gegen Engelland. Haltet aus, haltet aus im Sturmgebraus!* Aus den Volksempfängern tönten Tag für Tag die Fanfarenstöße, die eine Sondermeldung ankündigten. Kapitänleutnant Prien versenkte erneut 50500 Bruttoregister-Tonnen und steigerte sein Vernichtungs-Konto auf 200000 Tonnen, wofür ihm der Führer und Oberste Befehlshaber der Wehrmacht, als fünftem Offizier der deutschen Wehrmacht das Eichenlaub zum Ritterkreuz des Eisernen Kreuzes verlieh. Major Werner Mölders errang in einem Luftkampf zwischen deutschen Messerschmittjägern und englischen Hurricanfliegern seinen 49., 50. und 51. Luftsieg. Und die deutsche Luftwaffe flog am 20. Oktober, einem Sonntag, trotz ungünstiger Wetterlage ihre Angriffe auf London und andere kriegswichtige Ziele in Mittel- und Südengland. Nur kriegswichtige Ziele, während die englischen Untermenschen, diese Mörder, ausschließlich deutsche Wohnquartiere bombardierten.

Fremde, heimatlos gewordene Menschen. Lang wird die Nacht sein, zu der der Tod das Tor öffnen wird, den Weg weisen wird zur ewigen unverlierbaren Freiheit, Heimat gewährend am bergenden Ort, wo die Nächsten ausruhten. Denn wohin auf der Welt sollte sich eine jüdische Witwe wenden, nachdem die Räume der Freiheit immer enger geworden waren. Die benachbarte Schweiz? Das Boot ist voll! Der berüchtigte „J"-Stempel, der die Grenze zur freiheitlichen Schweiz verschloß. Frankreich als Zufluchtsort, das nahe Elsaß waren jetzt dahin. Auch im unbesetzten Restfrankreich, dem Vichy-Frankreich, war in diesen Tagen ein Judenstatut im Gesetzblatt verkündet worden, wie Therese Sara Loewy der „Freiburger Zeitung" vom 21. Oktober entnehmen mußte, in der sie auch die Straßburger Kundgebung in aller Breite dargestellt fand. Durch dieses Statut werden alle Juden aus allen staatlichen und öffentlichen Ämtern ausgeschaltet. Aber wer ist Jude? Der Rassenstandpunkt ist maßgebend – was man so alles von den Deutschen lernte! – *Als Jude wird für die Anwendung des vorliegenden Gesetzes jede Person betrachtet, die von drei Großeltern jüdischer Rasse abstammt oder von zwei Großeltern derselben Rasse, wenn der Ehepartner Jude ist.* Und was die „Freiburger Zeitung" noch hinzusetzte: es sei ein weiteres im französischen Regierungsblatt veröffentlichtes Gesetz bemerkenswert, wonach ausländische Staatsangehörige jüdischer Rasse mit unverzüglicher Wirkung durch Beschluß des zuständigen Präfekten in Konzentrationslager untergebracht werden können. Konzentrationslager – das furchtbare Wort, dieser Terminus technicus, jetzt auch in Frankreich, sogar in dem angeblich freien, unbesetzten Frankreich. Welche Kollaboration des greisen Marschall Pétain mit den Deutschen!

Das teuflische Machwerk wird offenkundig – die Lösung der deutschen Judenfrage kann ins Werk gesetzt werden: ein Kunstwerk, dessen Ursprung diabolisch ist. Man transportiere einfach die „deutschen" Juden, denen die Reichsbürgerschaft seit jenen berüchtigten Nürnberger Gesetzen, verkündet auf dem Reichsparteitag der Ehre im September 1935 – wie gut, daß Alfred diese Schmach nicht mehr erleben mußte – genommen war, man karre diese Juden ins Vichy-Frankreich, wo sie als ausländische Staatsangehörige jüdischer Rasse mit unverzüglicher Wirkung durch Beschluß des zuständigen Präfekten in Konzentrationslager verschubt werden können. Die hellsichtige Therese Sara Loewy, geborene Neuburger aus München, dort am 14. Februar 1884 als Tochter jüdischer Eltern zur Welt gekommen, nicht nur drei, sondern vier jüdische Großeltern nachweisend, ja mit Stolz nachweisend, jetzt 56 Jahre alt, aber schon zur Greisin geworden, weil das Schicksal hart mit ihr umsprang, eine Glaubensjüdin, fromm im Vollzug, den Brandgeruch der zerstörten Synagoge bitter schmeckend, zerriß dieses satanische Gespinst. Sie begriff die Lösung der Judenfrage, ihre eigene private Endlösung in voller Schärfe: *in Deutschland entweder Jude zu sein oder nicht zu sein.* Das galt fürderhin nicht mehr – vielmehr nur noch: *nicht zu sein.*

Immer wieder besprach sie ihre Fragen und Probleme mit dem lieben Gemahl, der draußen im jüdischen Friedhof an der Elsässer Straße in die Erde gesenkt war, im einfachen Kistensarg aus ungehobelten Tannenbrettern gefügt, wie es der Brauch verlangte, bedeckt mit dem Geröll, den groben

Kieselsteinen, die aus dem rheinischen Boden stammten. Die Erde war tief gefroren in jenem Januar 1935, und die Spitzhacke fraß sich nur schwer in die Grasnarbe. Doch fanden die Schaufeln der jüdischen Männer, die den Sarg begleiteten, genug Material, um die Totenkiste zu bedecken, auf daß der Rabbiner mit den Gebeten fortfahren konnte. Mit dem Toten blieb sie im Gespräch, dem weisen und frommen Juden aus dem Stamme Levi, dem klaren Denker, dem analytischen Mathematiker – ach, was mußten sie seit einigen Jahren hören: arische Mathematik gegen jüdische – Alfred hatte auf Umwegen, der Zoologe und Freund Hans Spemann sorgte dafür, den Berufungsvorschlag der Fakultät für seine Nachfolge von Anfang März 1934 erhalten, und Therese hatte dem längst erblindeten Gatten daraus vorgelesen und sich die wichtigsten Sätze notiert – ein Loblied auf die Geometrie vor dem negativen Hintergrund der Zahlentheorie: *Ist doch die Geometrie nicht nur eine der theoretisch bedeutsamsten und wegen ihrer Anwendungsmöglichkeiten wichtigsten mathematischen Wissenschaften, sondern auch für die Heranbildung tüchtiger und brauchbarer Lehrer an höheren Schulen geradezu unerläßlich. Dadurch daß sie unausgesetzt an die konkrete Anschauung appelliert und sich an dieser orientiert, erzielt sie einen gesunden wirklichkeitsnahen Sinn, wie er auch vor allem dem Bildungsideal des neuen Deutschland entspricht. Im Gegensatz hierzu haben Algebra und Zahlentheorie eine völlig abstrakte Richtung eingeschlagen, charakteristischerweise unter starker Beeinflussung von jüdischer Seite, und sich in derselben Zeit, in der die Geometrie zurückging, stark ausgebreitet, so daß sie heute schon an den meisten Universitäten Vertreter besitzen. Auch der frühere Inhaber der zu besetzenden Professur, Loewy, gehörte dazu.* Deutsche Mathematik wie Deutsche Physik. Der Kampf gegen den Juden Einstein, dessen Relativitätstheorie als typisches Produkt eines Nichtariers verworfen wurde. Auch Alfred Loewy wurde in diese Ecke gestellt, der typische jüdische Mathematiker, negativ abgestempelt. Der deutsche Geist ist aufgeboten gegen die wachsende Verjudung. Die innerste Berufung der Deutschen für den Geist und die Treue des Herzens nach der Sprache des Philosophen.

Solche Auslassungen, gewachsen auf einem rassistischen Nährboden, waren Ergebnis wissenschaftlicher Gremien, und der Rektor Martin Heidegger, einstiger Schüler und ehedem befaßt mit Problemen der Zahlentheorie, von Edmund Husserls Logischen Untersuchungen fasziniert – einstens – leitete dieses Votum befürwortend an das Ministerium in Karlsruhe weiter. Alfred Loewy wollte es lange nicht wahrhaben, nicht diesen geistigen Verfall als gegeben anerkennen, die apodiktischen Thesen der Rektoratsrede nicht in der vollen Schärfe begreifen. Geist sei nicht das uferlose Treiben verstandesmäßiger Zergliederung, die geistige Welt eines Volkes sei die Macht der tiefsten Bewahrung seiner erd- und bluthaften Kräfte. Also doch deutsche Mathematik gegen jüdische Mathematik! Welche Verkommenheit des Geistes! Alfred Loewy, der erblindete jüdische Mathematiker, mit sechzig Jahren nach dem Gesetz des Führers aus dem Lehramt gestoßen, vollzogen vom Rektor, der einst zu seinen Füßen saß, sollte noch massiver erfahren, wozu Menschen fähig sind, wenn die Verblendung über sie kommt.

In diesen Tagen des Oktober 1940, da die Winzer am Kaiserstuhl, im Markgräflerland und vor den Toren der schönen Stadt Freiburg die Trauben lasen und die deutsch gewordenen Elsässer drüben in Reichenweier, in Kienzheim oder Kaysersberg desgleichen taten – eine zufriedenstellende Ernte bei ordentlicher Qualität – und der erste Most schon in den Fässern rumorte, in diesen Tagen der Siegestrunkenheit der Deutschen, in diesen Tagen, da die frommen Juden zum Laubhüttenfest rüsteten, konnte sich Therese Loewy fast nicht vom Grab ihres Mannes lösen und das Kindergrab der Tochter Elisabeth, 1908 im Alter von erst wenigen Monaten gestorben – Gott versagte ihnen weitere Nachkommen, vor allem wurde ihnen kein Sohn geschenkt, der das Kaddisch am Todestag der Eltern hätte sprechen können –, verlassen. *Schwer verläßt, was nahe dem Ursprung wohnet, den Ort.* Zu sehr war sie aufgewühlt, wissend, daß die Stunde der Entscheidung nahte. Noch inniger als sonst versenkte sie sich in die hebräische Inschrift, die sie in den Grabstein hatte einmeißeln lassen zusammen mit Krug und Kanne, Zeichen der Leviten, Symbole für das reinigende und belebende Wasser:

Hier ruht
der Gelehrte Dawid bar Svi Hallewy,
ein frommer Mann, groß in der *Furcht,* an Unterscheidungskraft und an Wissen,
er hatte großen Gefallen an der Weisung des Herrn und an seinen Geboten,
er unterwies die Vielen in der Wissenschaft der Zahl,
er starb in Frieden am Freitag, den 21. Shevat [5695 = 1935],
er unterrichtete zum
Ruhm der Söhne seines Volkes, denen sein Andenken zum Segen ist,
als ihm seine Sonne [= Augenlicht] verdunkelt wurde,
hielt er wie ein Held seinen Schmerz nieder,
dies sei dem geistigen Licht der Welt [= dem Gelehrten] (zum Gedächtnis).
Möge seine Seele eingebunden sein im Bündel des Lebens

Alle ihre Bemühungen seit jenem Synagogenbrand 1938, auf dem Wege des Testaments eine Grabstätte neben ihres Mannes Grab zu sichern, blieben am Ende ohne Erfolg. Der

Vorsteher der Jüdischen Kultusvereinigung – so hieß die ehemalige Israelitische Gemeinde neuerdings –, Julius Israel Bloch, hatte ihr vage Hoffnungen gemacht. Und so hatte Therese Loewy am 5. Dezember 1938 an Bloch geschrieben: „Vielleicht wäre es möglich, daß ich die Grabstätte neben meinem Mann bekomme, da Frau Loeb ja doch auswandert. Ich kenne und schätze Frau Loeb schon seit mehr als dreißig Jahren, sie hat auch bei unserem toten Kindchen gewacht."

Auswandern, ja, Frau Loeb kann auswandern, sie hält nichts in Freiburg, kein Grab, das zur Zwiesprache einlädt, ja zwingt, kein Grabstein, auf den das Kieselchen gelegt ist. Auswandern wie die Geschwister, der Bruder Albert, sechs Jahre älter, ist im Januar 1939 nach Palästina gegangen – das Novemberpogrom war ihm deutliches Fanal, und die Schutzhaft in Dachau hatte ihn eines Besseren belehrt – und auch die viel ältere Schwester Charlotte lebte seit 1939 mit ihrem Mann Sigmund Fränkel in Palästina, auf ein neues Israel hoffend und auf die Wiedergewinnung Jerusalems. Doch wie sollte eine Therese Loewy die Gräber zurücklassen, die ihre Liebsten bargen. Heimat ist dort, wo die Toten ruhen.

Tausend Mark vermachte sie der Israelitischen Gemeinde für wohltätige Zwecke, als sie am 21. November 1938 begann, das Testament zu formulieren. Herr Bloch wußte davon. Möge er gnädig gestimmt sein und ihrer Bitte entsprechen: „Ich habe Ihren Wunsch" – so antwortete Julius Israel Bloch am 7. Dezember 1938 –, „den Sie ausgesprochen haben, einstweilen zur Kenntnis und Ihr Schreiben zu den später zu erledigenden Akten genommen. Die Angelegenheit wird behandelt werden, sobald die Auswanderung von Frau Loeb endgültig geworden sein wird." Die später zu erledigenden Akten.

All dieses wird bald gegenstandslos, weil die Gemeinde

rechtlich zerschlagen wird und Julius Bloch auswandert; neue Gräber neben ihres Mannes Grab. Doch wird sie ruhen in der Nähe. Immer wieder maß sie die Entfernung mit ihren kleinen Schritten ab. Auch das Kindlein Elisabeth wird nicht einsam schlafen müssen. Diese Gewißheit ist ihr nicht zu nehmen.

Was ihr durch die wirren Gedanken schoß, der jetzt an den Gräbern sinnenden einsamen Frau – eine lebhafte Diskussion neulich in der kleinen Leserunde, die um Frau Geheimrat Klara Spemann sich sammelte und zu der die Witwe Therese Loewy stets geladen wurde. Deutsche Gedichte des Alemannen-Poeten Johann Peter Hebel, weniger bekannt als seine alemannischen Verse. Scharaden, Rätsel, seltsame Gebilde, aus denen ein Wort, ein Name oder ein Begriff herauszulesen waren. Frau Spemann trug eine befremdliche Scharade vor:

Ratet aus, ratet ein!
Wie heißt des Kaisers Töchterlein?
Wie heißt das grausame Mädchen?
Einst spann es am blutigen Rädchen,
einst schürt' es hell die Flammen an
zum Menschenbraten lobesan;
dann zeichnet es rote Stickerei
auf Judenhaut zu guter Frist;
anjetzt es eine alte Jungfer ist,
und doch sind ihm noch Männer treu.

Zu enträtseln war das Töchterlein Carolina des mächtigen Kaisers Karl V. – freilich kein leibhaftiges Kind, sondern die „Constitutio Criminalis Carolina“, die hochnotpeinliche Halsgerichtsordnung, in der die Vorschriften für die Folterung und Hinrichtung standen. Die Scheiterhaufen und das Rädern – fast listig und naiv erzählt. Das Schinden der Juden – rote Stickerei auf Judenhaut – in dem Stickrahmen eines Mädchens, verniedlicht. Alles zu guter Frist. Alles zu seiner Zeit, da die Flammen zum Menschenbraten hell auflodern, geschürt vom Haß und gespeist vom Sumpfgas des Antisemitismus. Es herrschte große Betroffenheit im kleinen Kreise, weil das Rätsel letztlich nicht gelöst erschien. Jetzt sahen sie solche Zeilen mit anderen Augen, jetzt, da der Ursprung Gestalt gewonnen hatte, der Ursprung der Unmenschlichkeit. Zu guter Frist. Alles hat seine Zeit. Das Töchterchen Elisabeth jedenfalls war zu einer guten Zeit aus dieser Welt heimgeholt worden.

Am Montag, dem 21. Oktober 1940, legte Frau Therese Loewy zum letzten Mal die Kieselsteine auf die Gräber ihrer Lieben – es war der Vortag zum jüdischen Laubhüttenfest. Rüsttag. Sie ging den langen Weg zur Stadt zurück und hatte keinen Blick übrig für die prächtige Schwarzwaldlandschaft, für die blauschwarzen Berge und die Laubwälder, die in herbstlichen Farben glühten.

Auch wenn Therese Loewy das Schrillen der Haustürklingel zu früher Morgenstunde tagtäglich erwartet hatte, zur Stunde, da nur die Geheimen kommen, der Würgeengel vorbeigeht. Damit hatte sie nicht gerechnet, daß sie den Tag des Laubhüttenfestes gewählt hatten! Ausgerechnet diesen Feiertag! Den Tag der Freude! Blasphemische Infamie!

Das Laubhüttenfest sollst du sieben Tage lang feiern, nachdem du das Korn von der Tenne und den Wein aus der Kelter eingelagert hast. Du sollst an deinem Fest fröhlich sein, du, dein Sohn und deine Tochter, dein Knecht und deine Magd, die Leviten und die Fremden, Waisen und Witwen, die in deinem Stadtbereiche wohnen. Sieben Tage lang sollst du dem Herrn, deinem Gott, das Fest feiern an der Stätte, die der Herr auswählt. Wenn dich der Herr, dein Gott, in allem gesegnet hat, in deiner Ernte und in der Ar-

beit deiner Hände, dann sollst du wirklich fröhlich sein. So lasen es die Juden im Buch Deuteronomium. Und im Levitikus steht: *Am achten Tag habt ihr heilige Versammlung, und ihr sollt ein Feueropfer für den Herrn darbringen. Es ist der Tag der Festversammlung; da dürft ihr keine schwere Arbeit verrichten.*

Ach, welche Erinnerungen werden wach, drängen sich aus der Tiefe der Verschüttung nach oben und lassen das betrübliche Dasein der deutschen Judenschaft ein wenig vergessen! Die Erinnerung an die fröhlichen Laubhüttenfeste, an die Sukka, von früher Jugend an im Schoße der Familie – damals in München – und dann die lang währende glückliche Zeit mit dem geliebten Gatten, dem frommen Juden Loewy, der mit der Tradition und dem Brauchtum der östlichen Juden in seiner Posener Heimat aufgewachsen war und es nie preisgab. Denn: *Herkunft aber bleibt stets Zukunft.* Wie schwelgte er in seinen Erzählungen von der religiösen und geselligen Freude, die einst die Laubhüttenwoche gewährte! Da wurde der in sich gekehrte, nüchterne Mathematiker lebhaft, geradezu redselig.

Jedes Jahr zitierte er in einer fast kindlich anmutenden Vorfreude auf das Fest die heiligen Texte in der Sprache Israels, die Stellen aus dem Buch Leviticus, das er so liebte: *Und ihr sollt euch am ersten Tage schöne Baumfrüchte holen, Palmwedel und Zweige von dicht belaubten Bäumen und von Bachweiden und sollt sieben Tage vor Jahwe, eurem Gott, fröhlich sein.* Sie hatte die Wohnung geschmückt und etwas vom Glanz der ländlichen Laubhütten hereingeholt, wie sie einst in Jerusalem gefeiert wurden. Aus der Mischna zitierte ihr frommer Mann die Berichte über die nächtliche Lichtfeier im Frauenvorhof des Tempels, des unzerstörten. *Die Leviten mit Zithern und mit Harfen und mit Zimbeln und mit allen Musikinstrumenten ohne Zahl auf den fünfzehn Stufen, die vom Vorhof Israels in den Frauenvorhof hinabführen – auf ihnen also standen die Leviten beim Gesang.* Zerstört war der Tempel in Jerusalem, der hochgebauten Stadt. Zerstört waren die Synagogen der Judenheit. Stätten der Verwüstung und des Greuels. Einmal, sie waren noch Brautleute, durften sie beide im Münchner Elternhaus das Laubhüttenfest begehen. Alfred las der großbürgerlichen Verwandtschaft ein gerade erschienenes Gedicht von Rainer Maria Rilke vor, das den Geist des Festes aus dem christlichen Verständnis großartig erfasse: *Wie der Wächter in den Weingeländen / seine Hütte hat und wacht, / bin ich Hütte, Herr, in deinen Händen / und bin Nacht, o Herr, von deiner Nacht.* Ihre zerlesene Rilke-Ausgabe liegt auf dem Nachttisch. *Herr: es ist Zeit. Der Sommer war sehr groß. / Leg deinen Schatten auf die Sonnenuhren, / und auf den Fluren laß die Winde los.*

Ach wie traurig gestaltete sich die Versammlung gestern abend in dem kleinen notdürftig hergestellten Saal des Kantorhauses. Kaum war das Minjan zusammengekommen, zehn männliche Beter, damit der Frauengottesdienst gehalten werden konnte.

Trauer mischte sich in die frohen Texte – eine bittersüße Stunde, über der das Ahnen des Abschieds schwebte. Die anderen Frauen erzählten, welche Abscheulichkeiten erneut im „Stürmer" des Gauleiters von Franken Julius Streicher standen – die jüdischen Oktoberfeste zutiefst verhöhnend und dies mit deutlichen Untertönen, die Schlimmes verhießen. Hoffnungslosigkeit machte sich breit. Indes: sie gaben sich den Gutnacht-Gruß in der freudigen Erwartung des nächsten Tages, Höhepunkt des Laubhüttenfestes. Du sollst an deinem Feste fröhlich sein.

Sollte die Sonderaktion „Juden" geräuschlos, reibungslos und erfolgreich *durchgeführt* werden, mußten bestimmte Voraussetzungen erfüllt sein. Seit Monaten hatten die Sonderstäbe, die bei den Gauleitungen von Saarpfalz und Baden gebildet wurden, gearbeitet: effektiv, wie sich bei deutscher Gründlichkeit von selbst versteht. Die Spezialisten aus den Gestapozentralen und die hohen Beamten der Innenministerien, vom Chef der Sicherheitspolizei und des SD Heydrich und vom Reichsführer SS Heinrich Himmler höchstpersönlich unterwiesen, spannen ihr logistisches Netz, in dem etwa 6000 badische und etwa 1500 pfälzische Juden bald zappeln sollten. Die Vermögenswerte der zu deportierenden Juden waren erhoben. Der Zugriff auf die gewaltigen Wertpapierdepots, auf den Immobilienbesitz und auf Wertsachen bildete das hintergründige Motiv für den Coup der nationalsozialistischen Räuberbande – den Hyänen gleich. Die Gauleiter Josef Bürckel und Robert Wagner agierten als die eigentlichen Drahtzieher der Sonderaktion. Ja, dieser Josef Bürckel, jetzt für die Westmark zuständige NS-Größe! Er hatte seine Sporen als NS-Statthalter in Österreich vor dem Anschluß verdient, dann als Gauleiter von Wien, für die systematische Unterdrückung der Juden verantwortlich, als Chef vom Heldenplatz, geschult im Deportieren von Juden.

Das Wertpapiervermögen der Jüdin Therese Sara Loewy beispielsweise, das hatten die Recherchen der Spezialbeamten ergeben, lohnt solchen Einsatz. Wer hätte hinter der anspruchslos und bescheiden lebenden Witwe vermutet, daß auf den Depots bei der Deutschen Bank in Freiburg, bei dem Freiburger Privatbankhaus J. A. Krebs und bei der Badischen Bank in Karlsruhe gut gemischte und breit gestreute Aktien und festverzinsliche Anleihen in nennenswerter Größenordnung lagen: Werte der Aktienbrauerei zum Löwen in München, der Schöfferhoff-Binding-Brauerei, der I. G. Farben, der A. E. G., der Bayernhypo, um nur einige zu nennen. Solide Papiere, die ordentlich rentierten.

Im Karlsruher Schloß, von den Markgrafen von Baden als Residenz mitten im Forst errichtet – ein Strukturelement der Fächerstadt, dem einstigen Sitz der badischen Staatskanzlei –, liefen die Vorbereitungen schon längst auf Hochtouren. Der an Reiches Statt amtende NS-Gauleiter Robert Wagner hatte die entscheidende Verfügung formulieren lassen – im trockenen Amtsdeutsch – und unterfertigt und dafür gesorgt, daß sie wesentlicher Bestandteil für die Anweisung an die untergeordneten Dienststellen des Landes wurde: *Das gesamte Vermögen der aus Baden ausgewiesenen Juden wird beschlagnahmt und dem Land Baden für verfallen erklärt. Die Verwaltung und Verwertung dieses Vermögens obliegt dem Generalbevollmächtigten für das jüdische Vermögen in Baden, der von dem Minister des Innern in Karlsruhe ernannt wird und dessen Dienstaufsicht untersteht.* Wie war das einstige „Musterländle" Baden heruntergekommen! Freilich: längst von Berlin, dem grobschlächtigen Preußenzentrum, gleichgeschaltet und aller Liberalität beraubt. Baden, in dem zu früher Zeit schon den Juden Heimstatt und Heimat gewährt worden war, wird zum Exempel und Vorläufer der Judendeportation. Das Land Baden beerbt die verjagten Juden, deren Vermögen für verfallen erklärt wird. Proskription im modernen Gewande. *Das schönste Land in Deutschlands Gau'n, das ist mein Badner Land. Es ist so herrlich anzuschau'n und ruht in Gottes Hand.*

Doch genügte dies für die totale Verfügung? Wie, wenn sich ein Jude der Ausweisung entzieht – durch Freitod etwa, sich – typisch jüdisch – nicht einfügt in diese ferne Verfügung. *Und fügend in die Fuge des Seyns stehen wir den Göttern zur Verfügung.* Todesfuge. *Schwarze Milch der Frühe wir trinken sie abends / wir trinken sie mittags und morgens wir trinken sie nachts / wir trinken und trinken / wir schaufeln ein Grab in den Lüften da liegt man nicht eng.* Auch für den Fall des Freitodes war vorgesorgt und nichts dem Zufall überlassen: ... *ist das Vermögen der Ju-*

den, die am 22. Oktober 1940 ausgewiesen werden sollen, bei denen jedoch die Ausweisung infolge Todesfalls am 22. Oktober 1940 oder später nicht durchgeführt werden konnte, ebenfalls beschlagnahmt und wie das Vermögen der ausgewiesenen und weggebrachten Juden zu behandeln – eine Umschreibung im besten Amtsdeutsch. Unübertreffliche Durchführung der Anweisung. Wegbringung der Juden. *Stecht tiefer die Spaten ihr ein ihr andern spielt weiter zum Tanz auf. Dein goldenes Haar Margarete / Dein aschenes Haar Sulamith.*

Alles sollte seine Ordnung haben, auch die *Durchführung* der Deportation sollte höchst geordnet erfolgen. Anständige Behandlung. Dreizehn Punkte umfaßte das *Merkblatt für eingesetzte Beamte,* mit dem Zusatz *geheim* versehen, logisch aufgebaut. Z. B. Artikel *13. Es ist unbedingt erforderlich, daß die Juden bei der Festnahme korrekt behandelt werden. Ausschreitungen sind auf jeden Fall zu verhindern.* Nur kein Aufsehen erregen. Die Aktion muß möglichst geräuschlos über die Bühne gehen. Es ist ja Kriegszeit, und an die Ausschreitungen im Verlauf der Novemberpogrome von 1938 gab es ungute Erinnerungen. Die Deutschen sind keine Barbaren. Korrektes Verhalten und korrekte Behandlung sind selbstverständlich. Schließlich soll eine *saubere* Lösung erfolgen.

Freilich: ohne die Bereitschaft der Franzosen, alle Juden aus dem Elsaß und aus Lothringen ins unbesetzte Südfrankreich aufzunehmen, wäre der Schlag nicht gelungen. Warum sollte nicht noch eines draufgesattelt werden? Also ab ins Vichy-Frankreich auch mit den badischen und saarpfälzischen Juden, die längst ihre deutsche Reichsbürgerschaft eingebüßt hatten, ungeachtet der generationenalten Verwurzelung im Deutschtum! Die tumben Franzosen wußten nichts von ihrem Glück. Sie würden die Spezialtransportzüge jenseits der Demarkationslinie aufnehmen, bevor sie erkennen konnten, daß die Insassen keine Juden aus dem annektierten Elsaß-Lothringen sind. Und hatte die Vichy-Regierung nicht beschlossen, ausländische Staatsangehörige jüdischer Rasse mit unverzüglicher Wirkung in Konzentrationslager unterzubringen? Da hatten sie also das entsprechende Menschenmaterial für ihre Lager, auf daß diese nicht leer stünden. Ja, diese Franzosen, mon dieu! Feierte drüben nicht der alte, tief eingewurzelte Antisemitismus fröhliche Urständ! Eine unsägliche Kollaboration französischer Stellen mit den deutschen Behörden.

Die deutschen Nachrichtendienste hatten solche Lager bereits ausgespäht – in den Pyrenäen, das Lager Gurs vorzüglich, von den Franzosen im Mai 1939 für Flüchtlinge des Spanischen Bürgerkrieges eingerichtet. Eine gewaltige Ansammlung von Baracken mit einer zwei Kilometer langen Lagerstraße, eingeteilt in neun Blöcke zu je fünfundzwanzig Baracken, war als Konzentrationslager bestens geeignet, zumal es mit einem recht ordentlichen Stacheldrahtverhau umgeben war, der unschwer ausgebaut und verstärkt werden konnte. Mit einem Elektrozaun beispielsweise und mit Laufgängen für scharf gemachte Wachhunde. Die primitiven Baracken ohne Bretterböden – der schiere Lehmboden festgestampft – und ohne Holzdecke, undichte Dächer, durch die der Wind pfiff und der Regen troff, schlecht beheizbare Räume – die Erfahrung eines Pyrenäenwinters! – boten zwar keinen sonderlichen Daueraufenthalt vor allem nicht in der bevorstehenden Winterzeit, wenn die Unterkünfte mit alten Menschen belegt waren. Unbeschreibliche hygienische Verhältnisse. Aber das war die Sache der Franzosen, mit der sie fertig werden mußten, waren erst einmal die deutschen Juden abgeschoben. Denn: die Sonderaktion „badische und pfälzische Juden" war als Beginn einer Gesamtlösung für alle deutschen Juden konzipiert – die Probe aufs Exempel gewissermaßen. Von Südfrankreich nach Madagaskar, in die französische Kolonie, in die Tropen. Gerüchte schwirrten in der Luft. *Wir lagen vor Madagaskar und hatten die Pest an Bord. In den Kesseln faulte das Wasser, und täglich ging einer über Bord.*

Die Nächte im Oktober sind lang, wenn sich die Natur zur Ruhe begibt und die versprengten späten Zugvögel und die schwächlichen Jungtiere um die Sammelplätze kreisen ohne Hoffnung, die sommerlichen Gefilde im Süden zu erreichen. Sie werden untergehen, da sie nicht mehr geborgen sind und keine Heimat haben.

Das Elsaß für immer *heim* ins Reich – es soll für alle Zeiten heimfinden zu seiner deutschen Mutter –, so hatte der Gauleiter in Straßburg voller Emphase ausgerufen. Und Zehntausende bejubelten diese Sätze. Doch die Fremden, die Andersartigen, die rassisch Minderwertigen müssen von dieser deutschen Mutter verstoßen werden, sie entzieht ihnen den bergenden Schoß und kennt sie nicht mehr als ihre Kinder. Entartete Bastarde, auch wenn das Wasser der Taufe ihre Stirn benetzt haben sollte. Schon längst war im deutschen Volk eine breite Übereinstimmung mit den Regierenden und mit der Partei – bis tief in das christliche Lager. Therese Loewy kannte die argen Verlautbarungen kirchlicher Synoden und Gremien, die im November 1938 den getauften Juden galten: *Der Vollzug kirchlicher Amtshandlungen an Nichtariern kommt selbstverständlich nicht in Betracht.* Wenn das am grünen Holze geschieht, wie erst am dürren? Allenthalben die Meinung von der zersetzenden Wirkung des Judentums.

Wer jetzt kein Haus hat, baut sich keines mehr. Wer jetzt allein ist, wird es lange bleiben. Heimat wird die Fremde sein. Pilgerschaft das Los. Ahasverus, der ewige Jude. Zerstreut in die Verbannung. Diaspora. Wir haben hier keine bleibende Stätte. Ich werde euch vorausgehen und Wohnung schaffen im Himmel. In meines Vaters Haus sind viele Wohnungen. Warum nur sollen wir in der Provinz bleiben, die keine schöpferische Landschaft mehr ist. Sich einfach festkrallen im Boden, das Bodenständige suchen. Aber: wie kann dies geschehen mit den schwachen Kräften einer jüdischen Greisin, verbraucht im Kampf ums Dasein.

Bodenständige Kräfte – das sind deutsche, arische Kräfte, die gegen die Verjudung der deutschen Geisteswelt aufgeboten werden müssen, gegen das uferlose Treiben verstandesmäßiger Zergliederung. Bodenständigkeit gegen Bodenlosigkeit ist die Losung, gegen die Boden- und Machtlosigkeit; die alemannisch-schwäbische Bodenständigkeit zumal ist gefragt. Die Schwere der Berge, das bedächtige und beständige Wachsen der Tannen, Jahresring um Jahresring, die Langsamkeit und Stete, mit denen der Eichbaum wächst. In solchem Wachstum allein ist gegründet, was dauert und fruchtet. Die Härte und der Duft des Eichenholzes. Der Baum, der nicht fruchtet, wird ausgehauen und ins Feuer geworfen. Heimat ist der Wald, das Unbegangene und die Holzwege. Ach, ihr Zedern vom Libanon und ihr Bäche, die vom Libanon herunterrieseln! Einfach festkrallen im harten Urgestein der Schwarzwaldberge, den heißen Atem an den kalten Fels pressen, um das Rauschen der Bergbäche zu vernehmen in den weiten Herbstnächten und sich der Erinnerung hingeben an die klaren Sternennächte mit dem Sternbild des Großen Jägers und dem hell blinkenden Morgenstern. An den Duft und die stille Pracht der blühenden Bergwiesen. *Arnika, Augentrost, Waldwasen, uneingeebnet, Orchis und Orchis.* Hingegeben an das Glockengeläut des weidenden Viehs. Daran denken, daß bald die Herbststürme ins Land fallen werden, den Winter verkündend. Die Äquinoktialstürme. Dafür reichen jüdische Kräfte nicht. *Alles Große steht im Sturm. Die innere Wahrheit und Größe des Nationalsozialismus.* Die Herrlichkeit und Größe dieses Aufbruchs, der den Deutschen mit Adolf

Hitler und seiner Bewegung geschenkt wurde. *Der Führer selbst und allein i s t die heutige und künftige deutsche Wirklichkeit und ihr Gesetz.* Diese deutsche Wirklichkeit ertrug keine Juden, keine Fremdlinge.

Die Nächte im Oktober können zart sein, gesättigt von der Mühe des Tages, wenn die Scheunen gefüllt sind und die Keller im schwangeren Dunst des jungen Weines liegen und der Sinn nach festlichem, fröhlichem Treiben steht, nach Tanz. Es ist die Atmosphäre des Laubhüttenfestes. Die Freiburger Polizeibeamten, biedere Leute zumeist, pflichtgetreu, wurden überraschend in den späten Abendstunden des 21. Oktober, es war Montag und die Zeit der Stammtische und Skatrunden, die Zeit der sportlichen und turnerischen Übungen in den Hallen, auf ihre Reviere gerufen. Zusätzlich waren die Kontingente der für die Kriegszeit gebildeten Hilfspolizei alarmiert. Nachtzeug ist mitzubringen. Aus der Behaglichkeit der Stuben in die nüchternen Räume der Polizeiwachen und Unterkünfte mit den harten Pritschen. Dort waren bereits die Kollegen von der Geheimen Staatspolizei versammelt, verstärkt durch auswärtige Beamte. Unbekannte Gesichter, vermutlich von der Karlsruher Zentrale. Zweifellos stand ein Großeinsatz bevor.

Es war der Vorabend des Hauptfestes der Juden im Herbst, des Laubhüttenfestes. Das freilich wußten die kleinen Beamten nicht, für die es ein gewöhnlicher Montag war nach einem ereignisreichen Wochenende, hatte man sie doch alle nach Straßburg abkommandiert, um die Großkundgebung des Gauleiters und Reichsstatthalters zu sichern und abzuschirmen. Den *Wackes* war ja nicht über den Weg zu trauen, diesen Französlingen. Vorsicht ist die Mutter der Porzellankiste. Immerhin: es war kein schlechter Einsatz, denn es gab neben der finanziellen Zulage die gute elsässische Küche und den hervorragenden Wein. Riesling, Gewürztraminer, Edelzwicker und Tokay d'Alsace –

unser Ruländer – waren von bester Qualität. Auch nichts zu sagen gegen die Schnäpse. Kirschwasser, Himbeergeist und, man muß einfach mit der Zunge schnalzen, Mirabelle. Man bekam unter der Hand die eine oder andere Flasche vom Hochprozentigen ins Marschgepäck – und wer wollte etwas gegen ein paar Dosen Straßburger Gänseleberpastete haben. Alles Mitbringsel für die Familien, die derlei Delikatessen noch nie gekostet hatten. Aus den requirierten Beständen fiel auch eine Extraration französischer Zigaretten ab – schwarzer Tabak! Ein Hauch von Fremdenlegion, Algier, Marokko und Indochina.

Die Polizeiführung in Karlsruhe freilich hatte auf Weisung aus Berlin den jüdischen Festtagstermin exakt eingeplant aus Gründen der verstärkten Geheimhaltung. Mochten die Juden sich in Sicherheit wiegen und noch einmal fröhlich sein, in ihren ruinierten Synagogen oder Notunterkünften die Gebete verrichten und die Kantoren singen lassen, dieses fremdartige, undeutsche Jammern – ein letztes Mal. Dann hat der Spuk ein Ende. Die Judenschul ist aus. Der Gott der Juden ist tot. Er ist den Heldengöttern der germanischen Völker unterlegen. Diese haben seine Offenbarung zunichte gemacht. Das auserwählte Volk dieses Gottes, dieses Bundesvolk folgt seinem toten Gott in den Gottestod. In der Kraft des gleißenden Sonnenrades, des Hakenkreuzes, verglüht der Stern Davids und wird zur Un-Kraft, zum Nichts, gerade gut genug zum Brandmal.

Der gezeichnete Jude, den Stern Davids als Schandfleck *sichtbar auf der linken Brustseite des Kleidungsstücks fest aufgenäht zu tragen.* Links, wo das Herz schlägt, Sitz des Lebens. Die Polizeiverordnung über die *Kennzeichnung der Juden* lag schon vorbereitet in den Schubladen des Reichsinnenministeriums, von Heydrich unterfertigt. § 1 *(1) Juden (§ 5 der Ersten Verordnung zum Reichsbürgergesetz vom 14. November 1935), die das sechste Lebensjahr vollendet ha-*

ben, ist es verboten, sich in der Öffentlichkeit ohne Judenstern zu zeigen. (2) Der Judenstern besteht aus einem handtellergroßen, schwarz ausgezogenen Sechsstern aus gelbem Stoff und der schwarzen Aufschrift „Jude".

Der Stern Davids, des großen Königs. *Auch Josef aus der Stadt Nazareth reiste von Galiläa nach Judäa zur Davidsstadt mit Namen Bethlehem, um sich eintragen zu lassen, da er aus dem Hause und Geschlechte Davids war.* Der Menschensohn, Jesus Christus, dem Fleische nach aus dem Geschlechte Davids. Der Judenstern also auch Verhöhnung des Christus – das Hakenkreuz also auch das Zeichen des Antichrist. Diese Karikatur des Kreuzes. Diese Wirbeldrehung des Vierschenkels. Das Zeichen des Tieres. *Da sah ich, wie ein Tier emporstieg aus dem Meere. Auch machte es, daß alle, Klein und Groß, Reich und Arm, Freie und Sklaven, ein Zeichen auf der rechten Hand oder auf ihrer Stirne tragen sollen. Aus dem Stamme Levi zwölftausend Gezeichnete.*

Lagebesprechung. Der Polizeipräsident persönlich ist angemeldet. Das muß ein größeres Ding sein. Habtachtstellung. Die schnarrende Stimme des Chefs spulte rasch den Einsatzbefehl ab. Sonderaktion Juden, hier Freiburger Juden. Alle Freiburger Volljuden, die transportfähig sind, d. h. nicht tatsächlich bettlägerig sind, werden morgen in der Frühe festgenommen und zu einem noch bekanntzugebenden Sammelplatz gebracht. In mehreren Sonderzügen werden sie zusammen mit ihren Rassegenossen aus den weiteren badischen Bezirken über Belfort in das unbesetzte Frankreich verschubt. Wir haben in unserer Stadt mit rund 600 Fällen zu tun. Es sind kleinere Kommandos zu bilden unter dem Befehl jeweils eines Transportführers. Die Kommandos werden Wohnbereichen zugeordnet – die Namenslisten der Festzunehmenden werden nachher übergeben. Da auswärtige Kollegen mitarbeiten, müssen die Zielobjekte noch genau durchgesprochen werden. Bei allen Kommandos sind ortskundige Kollegen eingeplant. Die Aktion ist selbstverständlich 1) streng geheim, weswegen die überraschende Einberufung erfolgt ist, 2) in kürzester Zeit, 3) möglichst geräuschlos *durchzuführen.* Wir schwärmen Punkt 5.30 Uhr aus und erreichen die Objekte um 6.00 Uhr. Die Juden werden herausgeklingelt und erhalten folgende Festnahme-Verfügung: Abtransport nach zwei Stunden in vollständiger Bekleidung. Für jeden Juden eine Wolldecke, Eß- und Trinkgeschirre. Bargeld pro Person bis zu 100 Reichsmark. Verpflegung für mehrere Tage. Pro Person ein Koffer. Zugelassene Höchstgewichtsmenge 50kg. *Nicht mitgenommen werden dürfen: Sparbücher, Wertpapiere, Schmuckgegenstände.*

Wir haben die Einsatzgruppen so bemessen, daß die Informierung aller in Betracht kommenden Juden in 30 Minuten abgeschlossen ist, d. h., die Festnahmen sind bis 8.30 Uhr spätestens erfolgt. Aber, bitte, kein Aufsehen. Die Juden sind bei der Festnahme korrekt zu behandeln. Ausschreitungen müssen verhindert werden. Falls vorhanden, sind Haustiere (Hunde, Katzen, Singvögel) dem zuständigen städtischen Veterinäramt zu übergeben. Vor Verlassen der Wohnung ist die Wasser- und Gasleitung abzustellen, elektrische Sicherungen sind herauszudrehen. *Nach Verlassen der Wohnung ist der Zugang zur Wohnung von den Beamten zu verschließen und mit den hierfür vorgesehenen Klebestreifen zu versiegeln. Das Schlüsselloch muß vom Klebestreifen verdeckt sein.* Noch Fragen? Sie haben jetzt genügend Zeit, in Ihren Kommandos nochmals alles in Ruhe durchzugehen. Um 4.00 Uhr ist Wecken, 4.30 Uhr Frühstück. Die Wetterlage: neblig trüb, niederschlagsfrei, Temperatur am Morgen 8° C.

Für den Wohnbezirk, der nördlich der Friedrichstraße und des Siegesdenkmals und östlich der Bahnstrecke liegt und durch die naturwissenschaftlichen und medizinischen Universitätsinstitute geprägt ist, bespricht das Kommando – Transportführer ist ein Kollege der Gestapo im Rang eines mittleren SS-Führers, sein Stellvertreter ein Freiburger Polizeikommissar – den Einsatzplan: erfaßt sind dort dreißig Juden, darunter mehrere Einzelpersonen, darunter die Witwe des Universitätsprofessors Alfred Loewy, Therese Sara, die in der Katharinenstraße 12 zur Untermiete bei den Eheleuten Wießler drei Räume bewohnt. Anhand des Lageplanes wird die Struktur der Gebäude besprochen. Es sind überwiegend die für dieses Quartier typischen Torfahrthäuser, hinter denen Werkstätten und sonstige Nebengebäude liegen. Die Klingeln sind am Eingangstor außen angebracht. Hat man die Torfahrt zur Hälfte durchschritten, so gelangt man seitlich über einige Stufen in das Treppenhaus. Die Wohnung der Wießlers liegt im zweiten Stock badischer Zählung. Es muß an der Wohnung Wießler geklingelt werden, da die Loewy keine eigene Klingel hat und ihr Name am Klingelbrett nicht erscheint. Das ist vor kurzem bei der Außeninspektion festgestellt worden. Nichts wird dem Zufall überlassen. Alles generalstabsmäßig geplant.

Den Freiburger Polizeibeamten schmeckte die Sache nicht so recht. Es sind halt doch altansässige Freiburger Bürger, ältere Leute, ja alte Menschen, die keiner Fliege etwas zuleide tun können. Jetzt nach diesen Instruktionen wird es wieder zu herzzerreißenden Szenen kommen. Man kannte das schon von jenem 10. November 1938, vom Morgen nach dem Synagogenbrand, als alle männlichen Juden bis zum Alter von 85 Jahren festgenommen und ins Konzentrationslager Dachau verschubt wurden, von wo sie erst Monate später wiederkehrten. Mein Gott, wie ging es damals zu! Diese Juden in ihrem Schmerz über die verwüsteten Geschäfte, die eingeschlagenen Schaufensterscheiben, die geplünderten Auslagen, die Außenwände besudelt mit den Parolen der SA

„Juda verrecke" – „Juden an die Wand" – „Tod dem internationalen Judentum". SA marschiert mit ruhig festem Schritt. Die Straße frei den braunen Bataillonen. Zum letzten Mal wird nun Appell geblasen. Morgen früh würden sie wieder die Haupthaare raufen und ihre Bärte schier ausreißen. Was das für ein Geschrei geben wird. Au wai geschrien. Dann wieder andere mit der stillen Ergebenheit in ihr Schicksal, stumm wie ein Lamm, das zur Schlachtbank geführt wird. Wenn's nur schon vorbei wäre! Und das soll geräuschlos und ohne Aufsehen *durchgeführt* werden! Haben die oben eine Ahnung. Am grünen Tisch ist leicht planen. Wir müssen die Suppe auslöffeln.

Vor Ort sieht die Sache anders aus. Ein höchst unangenehmer Einsatz. Eine kalte Dusche nach dem erlebnisreichen Wochenende. Und die alten Judenfrauen erst. Was das wieder geben wird.

Dieses Mal wird es ernst werden: der Abschied für immer von der Stadt, dieser alten Zähringergründung, die sich Perle des Breisgaus nennt, Stadt der Gotik mit dem hochragenden Münster – der schönste Turm der Christenheit – Stadt des Weines und des Waldes, die sich rühmt, Stätte der Wissenschaft zu sein. Sedes sapientiae – Sitz der Weisheit. Die Klagen werden unerträglich, diese jüdischen Klagen mit den ruckartigen Bewegungen des Oberkörpers, ununterbrochen nach Jerusalem ausgerichtet, das stumme Wiegen im Gebet, die Klagen um ihre Toten, die sie in der Heimat zurücklassen müssen, in der Heimat, die zur Fremde geworden ist, zum Elend für den jüdischen Menschen, dem nimmermehr die tröstlichen Verse des beseelten Matthias Claudius zugesprochen sind:

Der Mensch
Empfangen und genähret
Vom Weibe wunderbar

Kömmt er und sieht und höret,
Und nimmt des Trugs nicht wahr;
Gelüstet und begehret,
Und bringt sein Tränlein dar;
Verachtet und verehret;
Hat Freude und Gefahr;
Glaubt, zweifelt, wähnt und lehret,
Hält nichts, und alles wahr
Erbauet und zerstöret;
Und quält sich immerdar;
Schläft, wachet, wächst und zehret;
Trägt braun und graues Haar
Und alles dieses währet,
Wenn's hoch kommt, achtzig Jahr,
Denn legt er sich zu seinen Vätern nieder,
Und er kömmt nimmer wieder.

Zu seinen Vätern. Wer sich niederlegen darf zu seinen Vätern. Gesegnet ist er. Man spreche das Kaddisch am Todestag und wenn er wiederkehrt.

Am 22. Oktober 1940, es war ein Dienstag, ein ganz gewöhnlicher Werktag, am Laubhüttenfest der Juden, schwärmten um 5.30 Uhr in der Morgenfrühe 250 Polizeibeamte aus zur *Durchführung* der Juden-Sonderaktion. Der Schlag wurde planmäßig abgewickelt, geräuschlos, von der Bevölkerung nahezu unbemerkt. Jedenfalls waren keine Reaktionen gemeldet worden. Wie! Es sollte nicht von Hunderten Freiburgern beobachtet worden sein, daß binnen zweier Stunden mehr denn 500 Juden in größter Hast *abgeholt*, ausgestattet mit notdürftigem Gepäck, zusammengeschlossen und in Sonderzügen, in die noch auswärtige Juden gepreßt wurden, über den Rhein gefahren worden sind? Ein Lob der Weisheit nach Art der drei Affen: nichts sehen, nichts hören, nichts reden! Jedenfalls: Freiburg ist nahezu judenfrei. Nach dem 22. Oktober 1940. Künftig wird es kein Laubhüttenfest mehr geben. An der Stätte der niedergelegten Synagoge wird einmal eine große Bronzescheibe eingegraben sein, die die Erinnerung an dieses Werk der Zerstörung wachhält, an die Vernichtung „unter der Herrschaft der Gewalt und des Unrechts".

Daß sie ausgerechnet am Tage des Hauptfestes kommen müssen. Die beiden Beamten warteten die Antwort der Frau Wießler nicht ab, schoben sie vorwärts. Bitte, beeilen. Dann hasteten sie die Treppe hinauf und durch die offenstehende Abschlußtür in den langgestreckten Flur. Therese Loewy stand unter der Tür, die zum Musikzimmer führte. So hatte sie den Raum genannt, weil dort der Flügel – Blüthner/Leipzig – aufgestellt war. Ein kümmerliches Zimmer, vollgepfropft mit Möbelstücken und vor allem Noten über Noten. Die Staffelei, ihre geliebte Staffelei, hatte eben noch ein Plätzchen gefunden – am Fenster, das in den Hof ging, aber doch die westliche Sonne einfallen ließ. Seit keine Ölfarben mehr an Juden abgegeben werden durften, hatte sie sich aufs Aquarellieren verlegt und auf Tuschezeichnungen. Aber es wurde nicht mehr viel daraus. Immer wieder tauchte der Pinsel in die dunklen, düsteren, traurigen Farben des Herbstes und des Todes. Und die Tuschfeder fand nur noch zu den Konturen der Grabsteine und Friedhofsbäume – der Allee, die zum Ort des Lebens führte.

Sie fröstelte unter dem leichten Morgenrock, ein wenig zusammengekauert, aber sie zitterte nicht. Ohne Angst begegneten ihre Augen den verschlossenen Gesichtern der beiden Beamten, die in barschem Befehlston ihre Anweisungen los wurden. Zwei Stunden Zeit. 50 Kilogramm Gepäck – ein ganzer Zentner, viel zu schwer für dieses kleine schwache Persönchen. Und was sollte sie mit auf die

Reise nehmen, die ohne Ziel war und deren Endziel sie dennoch kannte. Eine Wolldecke. 100 Reichsmark in bar. Verpflegung. Was brauchte sie die Wegzehrung! Zwei Stunden Zeit bis zum Abmarsch, zum Sammelplatz, wo das Elend der Festgenommenen hundertfach sich verdichten würde. Wortlos und klaglos nahm sie die Befehle entgegen – mit einem leichten Nicken nur. Die Beamten polterten die Treppe hinunter. Die Tür fiel schwer und dumpf ins Schloß.

Sie würden bald wiederkehren. Zur endgültigen Abreise.

Alles hat seine Zeit, und jedes Vorhaben unter dem Himmel hat seine Stunde. Für das Geborenwerden gibt es eine Zeit und eine Zeit fürs Sterben, fürs Pflanzen eine Zeit und eine Zeit, Gepflanztes auszureißen. Fürs Töten gibt es eine Zeit und eine Zeit fürs Heilen, fürs Niederreißen eine Zeit und eine Zeit fürs Aufbauen. Fürs Weinen gibt es eine Zeit und eine Zeit fürs Lachen, fürs Klagen eine Zeit und eine Zeit fürs Tanzen.

Zwei Stunden Zeit. Die fromme Jüdin hatte oft die heiligen Texte gebetet. Den Prediger. Die kostbaren Psalmen, trostspendend. *Ich hoffte gläubig auf den Herrn. Er neigte sich zu mir und erhörte mein Schreien und zog mich aus der Grube des Untergangs. Wie selig, die in deinem Hause wohnen, Herr, und dich immerfort preisen.* Zwei Stunden Zeit. Was ist Zeit? Einmal vor Jahren hatte ihr Mann die „Confessiones", die Bekenntnisse des Kirchenvaters Augustinus nach Hause gebracht, zweisprachig – sonst lasen sie eigentlich keine christlichen Texte – aber: ihn interessierte das Zeitproblem, mit dem sich Augustinus im 11. Buch so einläßlich beschäftigt hatte. Ihr klangen noch in den Ohren die beschwörenden Passagen: „Was also ist die Zeit? Solang mich niemand danach fragt, ist mir, als wüßte ich's; doch fragt man mich und soll ich es erklären, so weiß ich's nicht." Die Zeit verrinnt, das Stundenglas beginnt das letzte Werk. Wie im Brennpunkt versammelt sich Sandkorn um Sandkorn und fällt nach unten, unaufhörlich, bis das letzte Korn ausgeronnen ist. Wie oft hatte sie den Klavierauszug aus dem „Rosenkavalier" gespielt. Sie kannte den Satz der Marschallin: „Die Zeit, die ist ein sonderbar Ding". Jetzt ist die Zeit endgültig bemessen und zugemessen. Endzeit. *Der Herr ist mein Hirte. Mir mangelt nichts. Er lagert mich auf grünen Weiden und führt mich zu Wasser, wo ich ruhen kann. Er erfrischt meine Seele. Er geleitet mich auf rechten Pfaden zu seines Namens Wohnstatt. Und wall' ich auch im Tal der Todesschatten, ich fürchte keinerlei Gefahr, weil du bei mir bist. Dein Stecken und dein Stab, die sind es, die mich trösten.*

Arme Frau Professor. Welch ein Unglück! Was soll aus Ihnen werden? Viel zu schwach für eine solche Reise. Wohin soll es denn gehen? Ich habe leider nicht alles verstanden, was die Beamten Ihnen mitgeteilt haben. Mein Gott, Jesus, Maria, Josef. Das mitleidige Gejammere von Frau Wießler drang an ihr Ohr und brachte sie in die rauhe Wirklichkeit zurück. Ob sie ihr helfen könne beim Packen. Es müsse doch genau überlegt werden, was sie brauche. Es werde ja nicht so schlimm werden. Hier in Freiburg sei es auch kein Leben bei all der Feindseligkeit. Was allein in der Straße ihr an Ablehnung begegne. Und selbstverständlich sei sie zum Frühstück eingeladen. Sie springe nur rasch zum Bäcker hinüber, der ja schon um sechs Uhr aufmache. Frische Brötle gebe es da. Und Honig habe sie auch. Und wenn Frau Professor es nicht verschmähte, gute Landbutter. Sie müsse unbedingt ein kräftiges Frühstück haben. Zum Durchblasen, diese zarte Person. Die wirft ja der nächste Windstoß um. Die überlebt das nicht. Diese Aufregung. Heilige Mutter Gottes. Was wird nur aus der Miete für den nächsten Monat? So einfach kann einem nicht das Mietverhältnis kaputtgemacht werden. Sie wird auf der Kündigungsfrist bestehen müssen. Zum Glück hat sie damals einen Mietvertrag abgeschlossen. Die Miete für die nächsten Monate muß aus dem Vermögen der Frau Professor bezahlt werden. Es ist genügend vorhanden. Und die Witwenpension wird doch wohl weiter geleistet werden. Man weiß das freilich nicht so genau. Was die wieder alles mit den Juden anstellen! Das kann ein Christenmensch fast nicht mehr mit ansehen. Wenn sie nur noch an den Synagogenbrand und an die Zerstörung der jüdischen Geschäfte denkt! Wann war das nur? Es werden fast zwei Jahre her sein, jedenfalls noch vor dem Krieg. Schaurig schön, als damals die Synagoge brannte. Der südliche Wind hatte die schwarzen Rauchwolken durch die Werder-Allee in die Katharinenstraße gejagt. Beißender, ja ätzender Rauch! Vierteljährliche Kündigung, aber zum Quartal bitte. Darauf muß ich unbedingt bestehen. Vertragsgemäß. Und das heißt genau: bis einschließlich Ende März 1941. Aber exakt! Fünf Monate à 70 RM. Das macht 350 Reichsmark. Wo kämen wir da hin? Das ist ja so ähnlich wie höhere Gewalt. Was soll überhaupt mit dem Mobiliar geschehen? Solange die Zimmer nicht geräumt sind, ist der Mietzins zu entrichten. Basta!

Der Vermögensverwalter, Rechtsberater und Helfer in Steuersachen Otto Hahn, Freiburg, Horst-Wessel-Straße 17, wird ihr am 31. März 1941 betr. Nachlaßpflegschaft Therese Sara Loewy unter der Tagebuch-Nummer 393/40 schreiben: „Bezugnehmend auf mein Schreiben vom 18. 2. 1941 vergüte ich Ihnen die laufende Miete für die obengenannte Erblasserin auch für den Monat April 1941, da die Wohnung durch Frau Dickert erst in den ersten Tagen des Monats April geräumt wird. Ich erkläre Ihnen aber jetzt ausdrücklich, daß ich für weitere Monate keine Miete bezahle und müssen Sie sich, falls Frau Dickert die Wohnung nicht ehestens räumt, an diese für die zukünftige Miete halten. Ich lehne weitere Mietzahlungen grundsätzlich ab." Diese Person, die Dickert. Ich hab's ja immer gewußt.

Fünfzig Kilogramm Gepäck. Da bleibt die ganze Wohnungseinrichtung samt Inventar zurück. Der Blüthner-Flügel sowieso. Gediegene Möbel. Schwere Eiche. Buffet, Kredenz, dreiteiliger Bücherschrank, Damensekretär. Alles guter Jugendstil, damals in München, wo die ja herkommen, in ersten Geschäften gekauft. Nun zu, Jugendstil ist eigentlich nicht ihre Sache. Doch gibt es bestimmt Liebhaber. Der Vater war Kaufmann, sogar Großkaufmann, betucht, das merkt man. Und erst das Tafelsilber. Sie werden die Zimmer versiegeln, haben sie beim Weggehen noch zu ihr gesagt. Ob sie wohl mit der Frau Professor reden soll. Das Silber könne sie übernehmen, treuhänderisch gewiß, bis zur späteren Rückkehr. So bliebe ihr doch noch etwas Wertvolles. Denn die beschlagnahmen ja alles – auf Nimmerwiedersehn! Bis zur späteren Rückkehr. Die kommt bestimmt nie wieder. Mit den Behörden kann nachher auch verhandelt werden. Das Möbel samt Inventar zum Vorzugspreis. Bis das alles abtransportiert wäre, bliebe sowieso nicht viel übrig. Von den Obligationen und Aktien wird wohl nichts zu holen sein. Alles verwahrt im Bankdepot. Da lagen mal – zum Jahresschluß 1939 Depotauszüge herum. Ein stattliches Vermögen – über 70000 RM zum Kurswert –, alle Achtung. Sparsame Leute. Vielleicht haben sie auch ein wenig spekuliert. Es müßten ja keine Juden sein. Und für wen gespart? Kein Kind und kein Kegel.

Nein, sie danke sehr für die Einladung zum Frühstück. Aber sie müsse jetzt doch sehr genau überlegen, was sie unternehme in der verbleibenden Zeit. Frau Wießler möge das bitte verstehen. Sie brauche unbedingt Ruhe und möchte bitte allein gelassen werden. Sie werde aber gerne noch einige Minuten mit ihr reden, ehe die Beamten wiederkehren, um ein paar Fragen zu klären, Grüße aufzutragen; vielleicht schreibe sie auch noch ein paar Zeilen – zum Abschied.

Allein mit den Erinnerungen. Die wenigen Photographien, an der Wand angebracht, in altertümlichen Ovalrahmen die braungetönten Porträts der Eltern, aufgenommen vom königlich privilegierten Hofphotographen Hanfstaengl zu München. Der Vater Isidor Neuburger, ein stattlicher Mann in jungen Jahren noch, die Mutter Rosa – fünf Kindern hat sie das Leben geschenkt – von zarter Gestalt. Die Mame hat den Pape gottselig überlebt und die Heirat des Nesthäkchens Therese mit dem außerordentlichen Professor der Mathematik an der Universität Freiburg Dr. Alfred Loewy, 1906 in Milbertshofen bei München vollzogen, mitfeiern dürfen. Du herrlicher Augenblick, da sie beide unter dem Hochzeitsbaldachin standen und den Brauttanz tanzten. Alle Verwandten waren dabei. Auch der Schwager Georg Loewy aus dem fernen Rawitsch im Bezirk Posen hatte die Reise nach München unternommen. Östliche Landschaft. Die Weite der Niederungen. Große Wälder. Urstromtäler. Ein Rest von Wildnis. Land des Pioniergeistes.

Nie hat sie die Heimatstadt ihres Mannes gesehen, nur durch die Erzählungen von Alfred kennengelernt und von den Bildern – etwa das 1904 eingeweihte neue Schulgebäude des königlich-preußischen Gymnasiums zu Rawitsch. Wie hing doch Alfred an seiner Schule, der er zur Ehre gereichte, wie viele Glückwunschschreiben aus den früheren Jahren bezeugten. Er hatte alle diese Dokumente in einer Kassette fein säuberlich aufbewahrt, auch die Programmschrift zur

Einweihungsfeier 1904, auf der er als bereits renommierter Wissenschaftler für die ehemaligen Schüler sprechen durfte.

Rawitsch, 1632 von evangelischen Schlesiern gegründet, in der zweiten polnischen Teilung 1793 Preußen zugeschlagen, 1808–1815 zum Herzogtum Warschau gehörig, ab 1815 endgültig bei Preußen, liegt an der Linie Posen-Breslau der Preußischen Staatsbahnen, Sitz des Landratsamtes, eines Amtsgerichts (Landgericht Lissa) und einer Reichsbanknebenstelle, hat (1890) 12437 Einwohner (600 Polen), darunter 3154 Katholiken und 875 Israeliten, in Garnison das 1., 2. und 4. Bataillon des Infanterieregiments 50, Postamt (1. Klasse, Telegraph), evangelische und katholische Kirche, Synagoge, Kriegerdenkmal, Gymnasium, simultanes Schullehrerseminar, Strafanstalt, Gasbeleuchtung, Schlachthof, Fabrikation von Schnupftabak, Zigarren, Kämmen, landwirtschaftlichen Maschinen, Gerbereien, Dampfsägemühlen, Windmühlen, Handel. Eine gute, ja vorbildliche preußische Stadt in Westpreußen, versehen mit allem, was preußisch-deutsche Kultur darstellte. Verwaltung, Bildung, Religion, Infrastruktur, Wirtschaft, Militär. Die Militärmusik des 50. Infanterieregiments umrahmte die Einweihungsfeier des neuen Gymnasiums, auf der Alfred die Festrede hielt, der Sproß assimilierter Juden, gut preußisch-deutsch gesinnt, mosaischen Glaubens, die Vorfahren noch aus dem Galizischen stammend, Jiddisch sprechend, das Hebräische als Kultsprache gebrauchend, den penetranten Geruch der Schtetl-Juden ausströmend, den auch viele Generationen nicht verbannen konnten. Im klingenden Spiel zog die Militärkapelle von der Kaserne durch die Stadt über den Marktplatz zum neuen Gymnasium, begleitet von den Knaben in Matrosenanzügen, die den Marschschritt spielerisch übten, und umtanzt von den Mädchen, deren Zöpfe lustig wippten. Fridericus Rex. Der alte Dessauer. Hohenfriedberger, Preußens Gloria. Dann die getragenen Weisen während der Feier. Zum Schluß „Nun danket alle Gott!". Die Festversammlung hatte sich erhoben und stimmte mächtig ein – tiefbewegt und gut preußisch bestärkt. Die Erinnerung an die Schlacht bei Leuthen, als der große König, der Alte Fritz, über das mit Leichen besäte Kampffeld humpelte, die Verwundeten tröstend, und als plötzlich dieser Choral mit kleiner, fast gebrochener Stimme intoniert wurde und dann zu einem Sieg-Lobpreis anschwoll. Am Abend dann der Große Zapfenstreich auf dem Marktplatz von Rawitsch. Das Locken mit den Piccolo-Pfeifen, die Trommelwirbel, das volle Musikkorps – wieder das „Nun danket alle Gott mit Herzen, Mund und Händen!"

Die Synagoge in Rawitsch galt als gleichberechtigt neben der evangelischen und katholischen Kirche. Der Rabbiner wohl angesehen und gesellschaftlich akzeptiert. Die Israeliten seien bessere Deutsche als die paar Hundert Polen, denen man nicht recht trauen mochte, untere Sozialschichten, aus denen kaum einer das Gymnasium besuchte. Polacken und Katholen, national unzuverlässige Elemente. Das platte Land rings um die Stadt war noch überwiegend polnisch besiedelt mit den preußisch-junkerlichen Rittergütern, auf deren Vorwerken deutsche Aufsteiger aus der Landarbeiterschaft saßen. Dafür waren die Israeliten im Gymnasium stark vertreten, stets ein gutes Drittel der Abiturienten war jüdisch. Sie drängten nach oben im Deutschen Reich Bismarcks. Und überall die Handelsjuden aus den östlichen Provinzen, die im Schtetl den Ton angaben mit den gedrehten Schläfenlocken, die fettigen Hüte aufs wirre Haar gedrückt. *Heben auch, wenn sie Pfützen übersteigen, die Röcke wie Weiber auf.* Vergebliches Bemühen, sich zu assimilieren, sich deutscher als die Deutschen zu gebärden – letztlich ein untaugliches Mittel. Denn es war nur schwaches Amalgam, oberflächliche Angleichung. Unter der Asche der Pogrome der früheren Jahrhunderte glomm das böse Feuer des Antisemitismus, leicht anzufachen, daß es aufzüngelte und Nahrung fand zu hell loderndem Brand. *Einst schürt' es hell die Flammen an / zum Menschenbraten lobesan; / dann zeichnet es rote Stickerei / auf Judenhaut zu guter Frist.*

Die Jubiläumsfeier damals gipfelte in dem Gelöbnis: unerschütterliches Bestreben und unverrückbares Ziel sei, daß das Gymnasium ein Bollwerk des Deutschtums, eine Burg der Königstreue und ein Tempel der Gottesverehrung sein wolle und sein werde, daß es auch in dem neuen Hause fortfahren werde, seiner hohen Aufgabe getreu, arbeitsame, vaterlandsliebende, gottesfürchtige Männer zu bilden und in der *deutschen* Stadt Rawitsch eine Stütze und Säule des *deutschen* Volkstums zu sein. Nein, schon längst nicht mehr das slawische, das polnische Rawicz. Vor gut einem Jahr hatte der Führer im Polenfeldzug Rawitsch wieder „befreit" von polnischer Unterjochung und heimgeholt. Jetzt gehörte das Gebiet zum Warthegau.

Alfred war ein bewußter Deutscher, national gesinnt. Nach dem Abitur 1891 studierte er zwei Semester an der Universität Breslau und wurde Mitglied des deutsch-national orientierten Vereins Jüdischer Studierender. Die Chargen mit Farbenschärpe und Zerevis. Treue seis Panier. Das Liedgut aus dem „Allgemeinen Deutschen Kommersbuch". Es braust ein Ruf wie Donnerhall. Gerne wäre er Frontkämpfer im Ersten Weltkrieg geworden, hätte ihn nicht ein starkes Augenleiden militäruntauglich gemacht. Nur Landsturm mit Waffe. Er wurde auch nicht aufgeboten, als der Krieg in die Jahre kam. Dafür hatte er sich außerordentlich in der Kriegsfürsorge engagiert. Daß der badische Großherzog Friedrich II. das Kriegsverdienstkreuz verlieh, war ihm Genugtuung. Das Etui mit diesem Kriegsorden lag auf dem kleinen Empire-Tischchen. Sollte es eingepackt werden zusammen mit den amtlichen Schriftstücken und Urkunden? Wozu und für wen? Ihrem Mann nützte die nationale Einstellung nichts, als die Nationalsozialisten zur politischen Macht gelangt waren. Er war Jude und gehörte der Gegenrasse an. Das allein entschied. Therese Loewy erinnerte sich genau, was 1933 dem emeritierten Philosophen Edmund Husserl, dem Juden Husserl, widerfuhr: Beurlaubung und dann lautlose Verfemung, bis schließlich sein Name, dessen sich die Universität viele Jahre hindurch gerühmt hatte – zu Recht gerühmt hatte – aus den Verzeichnissen getilgt wurde. Und Husserl starb 1938 in dieser Stadt, ohne daß die Universität davon Notiz genommen hatte. Nicht galt mehr der Blutzoll, den Juden im Ersten Weltkrieg entrichtet hatten: Heldentod des einen Sohnes und schwerste Verwundung des zweiten Sohnes. Alles umsonst, da nur die Rasse zählte. Sie kannte jenen Brief, den Malvine Husserl von Elfride Heidegger Ende 1933 zusammen mit einem Blumenstrauß erhalten hatte:

29. April 1933

Sehr verehrte Frau Husserl!

Es drängt mich sehr, Ihnen und Ihrem Gatten – zugleich im Namen meines Mannes – in diesen schweren Wochen ein paar Worte zu schreiben. Wir möchten Ihnen beiden sagen, dass wir heute – wie immer – in unveränderter Dankbarkeit an alles denken, was Sie uns erwiesen haben. Wenn mein Mann in seiner Philosophie andere Wege gehen musste, so wird er nie vergessen, was er als Schüler Ihres Gatten auch gerade für seine eigenste Aufgabe gewonnen hat. Und was Sie selbst uns in den harten Jahren nach Kriegsende an Güte und Freundlichkeit zuteil werden liessen, werde ich nie vergessen.

Ich habe so sehr darunter gelitten, dass ich Ihnen diese Dankbarkeit in den letzten Jahren nicht mehr zeigen durfte, obgleich ich nie recht verstand, welches Gewebe von Mißverständnissen Sie in uns nur die sehen liessen (!), die Sie beide enttäuschten. Zu all dem kommt aber noch die tiefe Dankbarkeit gegen die Opferbereitschaft Ihrer Söhne und es ist ja nur im Sinne dieses neuen (harten, vom deutschen Standpunkt vernünftigen) Gesetzes, wenn wir uns bedingungslos und in aufrichtiger Ehrfurcht zu denen bekennen, die sich in der Stunde der höchsten Not auch durch die Tat zu unserem deutschen Volk bekannt haben. Umso mehr waren wir erschrocken, als neulich durch die Presse der Name Ihres Kieler Sohnes ging. Wir hoffen, dass es sich dabei nur um Uebergriffe handelt, die untergeordnete Stellen in der allgemeinen Erregung dieser Wochen begingen, so wie sich 1918 auch in den Revolutionswochen ungerechte und schmerzvolle Ereignisse abspielten.

Bitte, verehrte, liebe Frau Husserl, wollen Sie diese Zeilen als das aufnehmen, was sie sind: der Ausdruck aufrichtiger u. unveränderter Dankbarkeit.

Ihre sehr ergebene
Elfride Heidegger

Das neue Gesetz, das Gesetz zur Wiederherstellung des Berufsbeamtentums, vorab gegen Nicht-Arier gerichtet, war zwar hart, aber vom deutschen Standpunkt vernünftig. Allein mit der Kraft und Unerbittlichkeit der Erinnerung – jetzt in der Stunde des Abschieds überscharf ausgeprägt, überwältigend. Sie nahm die Photographie ihrer Hochzeit von der Wand, das Papier in mattem, leicht rötlichem Braun hinter dem spiegelnden Glas. Ein glückliches Paar. Alfred Anfang der dreißig, sie selbst wenig über zwanzig. München. Die Atmosphäre dieser Stadt, in der sie geboren wurde und aufwuchs, ist unvergleichlich. Die erste Begegnung mit Alfred ergab sich bei einer Einladung im Freundeskreis. Sie war gerade sechzehn Jahre, und Alfred, vor kurzem Privatdozent für Mathematik an der Freiburger Universität, hatte München aufgesucht, um mit seinem Doktorvater einige wissenschaftliche Probleme zu besprechen. Ein schüchterner junger Mann, in der lebhaften Gesellschaft kaum am Gespräch beteiligt, in sich gekehrt. Aber sie hatte gespürt, daß seine Augen nicht von ihr ließen. Außer etwas Höflichkeitskonversation kam es zu keiner weitergehenden Unterhaltung. Keine spürbare Nähe.

Doch traf bald sein erster Brief aus Freiburg ein. In wohlgesetzten Worten brachte er seine Verehrung zum Ausdruck. Wie zärtlich wurden dann die späteren Briefe, als er um sie warb. Ob sie aufeinander warten können, bis er in den Stand versetzt sei, eine Familie zu gründen. Als Privatdozent blieb er auf die Unterstützung seiner Eltern verwiesen angesichts nur geringer Hörgelder. Dann unternahm er eines Tages den offiziellen Besuch bei ihren Eltern, um ihre Hand bittend. Es bestehe für ihn begründete Hoffnung, den Charakter eines außerordentlichen Professors zu erhalten. So dürfe er auf gewisse feste Einnahmen rechnen und zusammen mit Honoraren aus literarischer Tätigkeit allmählich unabhängig werden. Er habe sich auch der Versicherungsmathematik zugewandt, gelte darin als Experte, erhalte öfter Aufträge für Gutachten, die recht lukrativ seien. Und er bereite ein Lehrbuch für Versicherungsmathematik vor, von dem er nicht unbeträchtliche Tantiemen erwarte. Das war 1902, als das neue Jahrhundert noch jung war. Sie, gerade 18 Jahre alt, durfte sich Braut nennen. Die Verlobung – ein schönes Fest im Kreise der Familie. Alle Briefe aus diesen Jahren hatte sie aufbewahrt – fein säuberlich gebündelt und mit farbigem Band umschlungen. Immer wieder zitierte Alfred aus den kostbaren Sätzen des Hohenliedes, um ihre Brautschaft religiös zu überhöhen. *So komme ich in meinen Garten, du, meine Schwester, Braut.*

Ich pflücke meine Myrrhe samt dem Balsam. Ein Garten, der verschlossen, ist meine Schwester, Braut, ein Born verschlossen, ein Quell versiegelt. Dein Schoß ist ein Granatenhain mit Früchten, wunderköstlich, mit Zyperntrauben, Narden. Er benutzte das Hebräische voll melodischem Wohllaut. Die Jahre des Wartens aufeinander, bis sie 1906 unter den Hochzeitsbaldachin treten durften.

Sie blieb bis dahin in der Geborgenheit der Familie, bei den alten Eltern, warf die steinige Erde auf das Grab des Vaters, in der Sehnsucht nach ihrem Bräutigam. Ihr Töchter von Jerusalem! Ach, ich beschwöre euch, wenn meinen Lieben ihr je finden solltet, daß ihr ihm alsdann sagt, ich sei vor Liebe krank. In ihren Antwortbriefen nach Freiburg drang die Ungeduld des Wartens immer mehr durch. Die schöne Mitgift, vom Vater noch besorgt und gesichert, liegt bereit. Was letztlich steht der Hochzeit im Wege?

Sie fingen bescheiden an. Die sparsame junge Gattin des außerordentlichen Professors Loewy in Freiburg, eine jüdische Schönheit, erregte in dem kleinen Freiburg Aufsehen. Das Heimweh nach München überfiel sie in den ersten Wochen mit heftiger Gewalt. Die Prachtstraße vom Siegestor zur Feldherrnhalle mit den eindrucksvollen Bauten der Staatsministerien, der großartigen Universität, der Ludwigskirche. Der Hofgarten und die herrlichen Theaterbauten. Die Alte Residenz. Ach, der Marienplatz, die Türme der Frauenkirche. Das pulsende Leben in dieser bayerischen Metropole. Das echt bayerische Flair des Viktualienmarktes. Die Stundenschläge vom Alten Peter und das Glockenspiel vom Rathaus herunter. Das Refugium des Englischen Gartens, wohin sie mit ihrem Alfred bei den so seltenen Besuchen in bräutlicher Verbundenheit gerne gegangen ist. Doch Freiburg, diese überschaubare Stadt, in der noch ein Hauch vorderösterreichischer Tradition zu verspüren war, gewann sie lieb, als sie schwanger wurde. Die Monate bis zur Geburt waren durchsonnt von der Hoffnung auf einen Sohn. Das Mädchen, dem sie das Leben schenkte, hatte wenig Lebenskraft. Es wollte nicht recht trinken und kümmerte dahin. Der Arzt vermochte kaum Zuversicht zu spenden. So blieben die langen Nächte des Wachens, bis der Todesengel die Wiege streifte. Die kleine Elisabeth kehrte mit ihrer Seele zu dem Allmächtigen zurück, die Eltern mit Trauer erfüllend. Ja, die Erstlingsgarnitur, über all die Jahre sorgfältig verwahrt, werde sie wohl in das Reisegepäck legen auf die Fahrt ins Nichts.

Irmgard und Hermann Wießler nahmen ein unruhiges Frühstück ein. Die frischen Backwaren wollten nicht so recht schmecken. Immer wieder stand Irmgard Wießler auf und lauschte durch die halb geöffnete Küchentür hinüber zum Musikzimmer der Frau Professor. Seltsam, da ist fast nichts zu hören. Die müßte doch längst ihre Sachen richten. Ob sie mal nachsehen soll entgegen dem Wunsch der Frau Professor, nicht gestört zu werden. Das ist schon ein schwerer Schlag für eine alte Frau, die so schwächlich ist. Jetzt, da es auf den Winter zugeht, abgeholt und ins Ungewisse verschickt zu werden.

Sie vertiefte sich wieder in die Zeitungslektüre. Der politische Teil interessierte sie weniger. Überaus reichhaltig war auf dem Wochenmarkt das Angebot an Kraut, Wurzelgewächsen und Salat. Das Kilo Weißkraut kostete 5 Pfennige, für frisches Sauerkraut wurden 20 Pfennige verlangt, für Wirsing zahlte man 6 Pfennige. Reich auch die Anlieferung von Obst. Wintermäntel können ab sofort auf die Reichskleiderkarte bezogen werden anstelle der bisher vorgeschriebenen Bezugsscheine. Freilich braucht kein Volksgenosse Abschnitte der Kleiderkarte zu opfern, wenn im erforderlichen Prüfungsverfahren die Notwendigkeit der Anschaffung eines Wintermantels anerkannt werden kann. Mein Gott, der ganze Papierkram. Dann muß unsereins Beziehungen haben zur Bewirtschaftungsstelle. Vitamin B. Zum Glück besitzt sie einen guten Wintermantel mit einem schönen Pelzkragen – ihr Mann hatte ihn ihr zu Weihnachten 1938 geschenkt. Er ist freilich ein wenig aus der Mode gekommen. Aber was jetzt angeboten wird, hat zwar modischen Chic, dagegen fällt die Qualität deutlich ab. Schlechte Wollsorten und Beimischungen von Zellstoff. Ihr Mann sollte einen neuen Mantel haben, da der alte doch ein bißchen schäbig geworden ist. Mal sehen, ob sie beim städtischen Wirtschaftsamt einen Antrag stellen kann mit Aussicht auf Erfolg.

Die zweite Reichsstraßensammlung für das Kriegs-Winterhilfswerk erzielte in Freiburg ein Rekordergebnis. Man muß sich auf einen längeren Krieg einrichten. Schon der zweite Kriegswinter. Ob das wohl ähnlich wie im letzten Krieg verlaufen wird? Sie hatte noch lebhafte Erinnerungen. Wie oft ist sie hungrig vom Tisch aufgestanden und in die schlecht geheizte Schule gegangen! Kohleferien. Doch jetzt hat der Führer erneut versichert: Kein Volksgenosse muß hungern und frieren. Das Motto „Wehrmacht und Volk – Hand in Hand" zog gewaltig. Vor allem der bunte Nachmittag in der Festhalle, von den Künstlern der Städtischen Bühnen und einer Militärkapelle gestaltet, war ein toller Erfolg. Die Militärmusik riß mit ihren schneidigen Märschen die Zuhörer mit. Und das Ensemble der Militärkapelle brachte neue Kreationen zur Aufführung, z. B. melodisch und rhythmisch „Bomben auf England". Der Beifall wollte kein Ende finden. Den Abschluß des Wunschkonzerts bildete der Fanfarenzug mit den Klängen „Volk ans Gewehr". Eigentlich hatte sie auch in dieses Wunschkonzert gehen wollen. Dummerweise kam ein Besuch, unangemeldet wie meistens, dazwischen.

Jetzt sollte sie aber doch nachschauen, wie weit die Frau Professor gekommen ist. Die ist imstande und bringt ihre Sachen nicht zusammen. Tatsächlich verweilt sie – immer noch im Morgenrock – sinnierend vor ihrem Tischchen und kramt in alten Schatullen. Regelrecht aufrütteln muß man sie. Mit erschreckten Augen – diese dunklen, tiefliegenden Augen, fast glanzlos, wie wenn sie schon eine andere Welt schauten – sah sie ihre Zimmerwirtin an – sie brauche wirklich keine Hilfe. Frau Wießler möge völlig unbesorgt sein. Sie werde schon rechtzeitig fertig. Müsse bloß noch einige Briefe schreiben, die Frau Wießler doch bitte frankieren und in den Briefkasten stecken möge.

Kopfschüttelnd ging sie aus dem Zimmer. Da stand der große Reisekoffer mit hochgeschlagenem Deckel. Noch kein Stück Wäsche verstaut. Der Wintermantel – ein gutes Stück aus feinem Tuch, der Kragen und die Ärmel mit einem teueren Pelz besetzt – lag über einem Stuhl. Den Muff, aus zartem Maulwurffell gearbeitet, hatte sie auch hervorgeholt.

Wo das nur hinführen solle. Das dünne Glöcklein von St. Martin lud zur Frühmesse ein. Noch eine gute Stunde bis zur angekündigten Abholung. Auch kein Frühstück eingenommen. Die Frau Professor ist sowieso peinlich genau mit ihren koscheren Mahlzeiten. Diese Umstandskrämerei in deren Küche, eigentlich eher eine Kochnische. Zweierlei Geschirr. Milchtöpfe getrennt von den Fleischtöpfen. Was für ein Geschiß. Nein, da würde sie verrückt. Nicht nur, daß Töpfe, Besteck und Porzellan besonders gereinigt werden mußten – jedesmal Wechsel des Spülwassers –, auch für die neutralen Speisen von Mehl, Eiern, Öl, Fischen war eigenes Zeug vonnöten. „Du darfst ein Zicklein nicht in der Milch seiner Mutter kochen" (Deut 14, 21).

Allein mit den Erinnerungen. Zurückgeworfen in die Vergangenheit, deren Schatten dunkel und schwer lasten. Therese Sara Loewy hatte tatsächlich noch weitere Schatullen hervorgeholt, darunter eine, die ihr Mann 1933 mit all den Dokumenten über die vorzeitige Zurruhesetzung – er war erst sechzig Jahre alt und hätte noch acht Jahre bis zur

Emeritierung im Lehramt bleiben können – angelegt hatte. Der sechzigste Geburtstag am 20. Juni 1933 war bereits überschattet von den politischen Maßnahmen der Regierung der nationalen Erhebung. Dabei hatten die Kollegen vom Mathematischen Institut der Universität und die Mitarbeiter, und vor allem die Doktoranden, seit langem die Vorbereitungen getroffen. Auch eine Festschrift wurde rechtzeitig geplant, zu der neben den deutschen Fachvertretern hochangesehene ausländische Wissenschaftler Aufsätze beisteuerten. Die Festschrift wurde fristgerecht fertig. Freilich: fast verschämt und eher formlos wurde der Band ihrem Mann überreicht. Es durfte keine Geburtstagsfeier im Rahmen des Instituts mehr abgehalten werden. Alfred Loewy war als Jude gebrandmarkt und verfemt, als typischer Rassejude, der Orthodoxie verpflichtet, ein Synagogenjude, nicht mehr würdig, einen Lehrstuhl für Mathematik an einer deutschen Universität innezuhaben. Deutsche Mathematik. Die Selbstbehauptung der deutschen Universität schloß die Juden aus.

So blieb es bei der privaten Feier in der schönen, geräumigen, ja herrschaftlichen Wohnung in der Reichsgrafenstraße 14. Diese großzügigen Etagen mit Erker und stuckverzierten Decken. Für das Dienstmädchen Fanny ein Mansardenzimmer. Doch hatte das Mädchen beinahe Familienanschluß, wurde fast wie eine Tochter gehalten. Freilich: sie war katholisch, und da gab es Grenzen. Sie konnte sich über die Jahre eine schöne Aussteuer zusammensparen von den monatlich 30 Reichsmark, die sie bar auf die Hand erhielt – bei freier Kost und Logis. Und in der Sozialversicherung war sie auch, froh darüber, untergekommen zu sein in diesen schweren Zeiten der Weltwirtschaftskrise. Überhaupt: die Mädchen vom Land mußten dankbar und zufrieden sein, eine Stellung in der Stadt zu finden, wo sie die feinere Küche lernten, etwas verdienten und den Eltern nicht zur Last fielen. Alles kinderreiche Familien. Da streckten zu viele die Beine unter Vaters Tisch.

Eine erstklassige Lage im ruhigen Stadtteil Mittelwiehre. Viel alter Baumbestand. Hoher Wohnwert, noch größer freilich der Naherholungswert. Nicht weit zum Sternwald. Falls das Wetter es zuließ, machten sie jeden Werktag einen längeren Spaziergang hinüber zum Wald. Sonntags, wenn der Sabbat vorüber war, gingen sie meist weiter. Nach St. Valentin, wo sie gerne einen Schoppen Wein tranken, einfachen Faßwein, den die Wirtsleute preiswert kredenzten. Dazu ein Stück kräftigen Schwarzbrotes. Und im Herbst gab es dort die prächtigsten Nüsse. Noch mit leicht bitterem Nachgeschmack, weil sie ganz frisch vom Baum kamen. Eine Köstlichkeit. Der Rückweg führte über Günterstal, das sie so sehr liebten, weil der Atem der Geschichte sich mit der Gegenwart verband. Die schöne alte Klosteranlage der Zisterzienserinnen – längst war der Konvent aufgehoben – ließ sie erahnen, daß hier über viele Jahrhunderte das Gotteslob gesungen wurde. Der Gott der Juden auch der Gott der Christen. Und seit einigen Jahren hatten sich die Töchter des heiligen Benedikt in der prächtigen Wohlgemutschen Villa niedergelassen. In dem besonnten Tal war etwas vom Flair der Toskana zu verspüren. Südliche Atmosphäre. Auch Heimat, Heimat besonderer Art. Sehnsucht nach dem Süden, nach der Nähe zu Israel, zum verheißenen Land der Juden.

Gelegentlich nahmen sie den Weg zum Lorettoberg, und dort war es, daß sie dem Philosophen Edmund Husserl, der nahe wohnte, erstmals begegneten, dem evangelisch getauften Juden. Mitten im Ersten Weltkrieg. Husserl wurde von einer jungen Frau begleitet, die er als seine Assistentin Edith Stein aus Breslau vorstellte. Sie war ihm aus Göttingen nach Freiburg gefolgt und hatte gerade das philosophische Doktorat geschafft. Eine Jüdin, glutäugig und geistvoll, mit einem ebenmäßigen Gesicht. Auch sie wohnte unweit dieser Anhöhe. Sie schlossen sich den beiden an und nahmen an dem Gespräch teil, soweit sie dem philosophischen Diskurs zu folgen vermochten. Fast täglich stieg Edmund Husserl den steilen Pfad zum Lorettoberg hinauf, oft begleitet von seiner Schülerin und Mitarbeiterin Edith Stein. Es ist ein wichtiger Berg für Freiburg. Aus seinen Flanken brachen die Freiburger seit Jahrhunderten den roten Sandstein für ihr Münster – von Anbeginn des Münsterbaus. Von dieser beherrschenden Anhöhe wurden Schlachten kommandiert: etwa 1644 in der Schlußphase des Dreißigjährigen Krieges, als die Franzosen die Stadt belagerten, oder 1743 wiederum die Franzosen, die die kleinen Siedlungen vor der Stadt zerstörten und dem Erdboden gleichmachten. Die Lorettokapelle wurde im Gedenken an diese kriegerischen Ereignisse von 1644 errichtet. Ehe man die letzten Stufen zum Platz vor diesem Gotteshaus hinter sich bringt, sieht man ein eindrucksvolles Kreuz, aus gelblichem Sandstein, im Stil des frühen Barock geschaffen: 1718. Das geneigte Christushaupt trägt eine Dornenkrone, aus stacheligem Eisen zusammengefügt – wie Stacheldraht aus den Verhauen der Schützengräben oder der Konzentrationslager. Und neben der Kapelle zieht sich ein bequemerer Rundweg, den die vierzehn Kreuzwegstationen markieren, gegen Ende des 19. Jahrhunderts aufgestellt. I. Station: Jesus wird zum Tode verurteilt, II. Station: Jesus nimmt das Kreuz auf seine Schulter. Der Kreuzweg mündet wieder auf dem Kapellenplatz, den Edelkastanien umsäumen: das Flair einer südlichen Landschaft.

Auch stehen im Umfeld des Wohnens von Edmund Husserl und Edith Stein die Wegkreuze, und das kleine Kirchlein zu Ehren des hl. Cyriak und der hl. Perpetua, im Volksmund „Annakirchle“ genannt, nur ein paar Schritte von Steins Wohnung entfernt. Waren diese Zeichen stumm, nur

Kultdinge der Katholiken, in ihrem eigentlichen Sinn verschlossen denen, die in der katholischen Liturgie als *perfidi Judaei* eingeordnet waren?

Dort oben auf der Anhöhe des Lorettoberges geht der Blick weit ins Land: nach Osten und Süden, wo das ehrwürdige Kloster der Zisterzienserinnen, die Abtei Günterstal, seit der Säkularisation verwaist, heraufgrüßt, nach Westen in die Breisacher Bucht hinaus, nach Breisach, ins Elsässische; der Kamm der Vogesen liegt oft im leichten Dunst, aber wenn das Wetter umschlägt und der Westwind geht, dann sind die Vogesenhöhen zum Greifen nahe. Das dumpfe Grollen der Vogesenfront war gut zu vernehmen – die Front erstarrt seit dem Sommer 1914, jeder Fleck hart umkämpft, die vielen Opfer, die der Hartmannsweilerkopf gefordert hat. Und wenn die Abende des Kriegswinters 1916/17 und 1917/18 früh hereinbrachen, zuckten die Mündungsfeuer vom Kamm der Vogesen.

Jahre später erfuhren sie von Husserl, seine begabte Schülerin habe sich katholisch taufen lassen und unterrichte bei den Dominikanerinnen in Speyer. Und als das Schicksalsjahr 1933 heraufzog, nahm Edith Stein den Schleier im Kölner Karmel und schied aus der weltlichen Welt in die abgründige Verborgenheit des kontemplativen Lebens. Ihre Spur hatte sich verloren. Und auch Edmund Husserl wurde ausgegrenzt, als die Zeit des nationalen Aufbruchs gekommen war. Dieses Schicksal traf alle Juden.

Und jetzt dieses Reichsgesetz zur Wiederherstellung des Berufsbeamtentums vom 7. April 1933 wenige Wochen vor dem 60. Geburtstag. Sie hatte diesen Tag dennoch festlich gestalten können. Die engeren Kollegen und ihre Frauen waren gekommen. Außerdem hatten sich weitere Mitglieder der naturwissenschaftlich-mathematischen Fakultät eingefunden. Der Dekan freilich ließ sich recht wortreich entschuldigen. Unabkömmlich wegen eines wichtigen Sitzungstermins. Doch die Spemanns blieben ihnen treu. Besonders rührend war, daß Geheimrat Spemann, der alte Freund, den Toast ausbrachte, den er beinahe zu einer ausgewachsenen Laudatio gestaltete. Die Freiburger Universität könne stolz sein, Alfred Loewy zu den ihren zu zählen. Internationale Anerkennung sei ihm zuteil geworden, wie dies auch die soeben überreichte Festschrift zum Ausdruck bringe. Um so bedauerlicher sei es, daß wegen des politischen Umbruchs ein Mann wie Loewy in den Schatten gestellt werde. Eine eigenartige Konstellation, die sich just ergeben hatte, sicher eine vorübergehende Affäre. Es bestehe jedoch begründete Hoffnung auf eine rasche Beendigung der Angelegenheit. Loewy müsse selbstverständlich rehabilitiert werden. Juristisch gesehen – er sei zwar kein Jurist, habe sich aber beraten lassen –, falle der Kollege Loewy nicht unter das Reichsgesetz zur Wiederherstellung des Berufsbeamtentums, da er durch seinen außerordentlichen Einsatz während des Weltkriegs einem Frontkämpfer gleichzustellen sei. Da hege er, Spemann, große Zuversicht. Ad multos annos, lieber Herr Kollege Loewy! Tränen der Rührung rannen dem Geehrten über die Wangen. Die erloschenen Augen suchten die Nähe seiner Frau. Er vermochte nur ein kurzes Dankeswort zu sprechen. Zu sehr war er durch die Vorgänge der letzten Wochen aufgewühlt. Alle jüdischen Kollegen der Freiburger Universität – und Ähnliches hörte man von den anderen deutschen Hochschulen – waren beurlaubt und standen zur Disposition bis zur endgültigen Erledigung der Einzelfälle gemäß jenem ominösen Reichsgesetz zur Wiederherstellung des Berufsbeamtentums, dieses harten, *vom deutschen Standpunkt* jedoch *vernünftigen* Gesetzes.

Therese Loewy hatte die amtlichen Erlasse und die entsprechende Korrespondenz, die daraus erwachsen war, vor sich liegen. Wie oft hatte sie die Schreiben gelesen. Immer und immer wieder seit dem Tod ihres Mannes. Er war vor Kummer über die ihm zugefügte Schmach zusehends lebensmüder geworden und starb gebrochenen Herzens. Gesegnet sein Tod, da er ihm zum Trost gereichte. Kein Kummer über das niedergebrannte Haus des Herrn, über die Schmach, die seinem Volk beständig angetan wurde. Sie konnte die Texte fast auswendig hersagen. Alle Hoffnung, die im April 1933 verfügte Beurlaubung werde aufgehoben und ihr Mann dürfe wieder das Katheder betreten, schwand dahin, als der Rektor Martin Heidegger am 17. Juli 1933 den Erlaß des Karlsruher Kultusministeriums übermittelte. Dieses schlimme Amtsdeutsch und diese Sprache der Juristen. *Nach den vorläufigen Feststellungen findet §3 Absatz 1 des Gesetzes zur Wiederherstellung des Berufsbeamtentums vom 7. April 1933 (R.G.Bl. I. S. 175) auch auf den ordentlichen Professor Dr. Alfred Loewy Anwendung.* Im Anhang war der einschlägige Paragraph mitgegeben: *§3 (1) Beamte, die nicht arischer Abstammung sind, sind in den Ruhestand (§§8ff.) zu versetzen; soweit es sich um Ehrenbeamte handelt, sind sie aus dem Amtsverhältnis zu entlassen. (2) Abs. 1 gilt nicht für Beamte, die bereits seit dem 1. August 1914 Beamte gewesen sind oder die im Weltkrieg an der Front für das Deutsche Reich oder für seine Verbündeten gekämpft haben oder deren Väter oder Söhne im Weltkrieg gefallen sind. Weitere Ausnahmen können der Reichsminister des Innern im Einvernehmen mit dem zuständigen Fachminister oder die obersten Landesbehörden für Beamte im Ausland zulassen.* Weitere Ausnahmen? Wohl aussichtslos.

Die Härte des Gesetzes, des ersten Reichsgesetzes aus nationalsozialistischem Geist, wie die Propaganda des Goebbels röhrte, werde ihn treffen. Wie oft mußte sie ihrem Mann die Passagen vorlesen. Er wollte es nicht begreifen, einfach nicht wahrhaben, daß die hochstehende Kulturnation Deutschland derart mit einem Teil ihrer Staatsbürger verfahre. Die Verjudung des deutschen Geisteslebens. Hier, in diesem Gesetz des Deutschen Reiches, das ein Universitätsrektor vom Rang des Denkers Martin Heidegger fraglos, klaglos, wohl überzeugt vom Sinn der *Maßnahme*, vollzog, war all das zur Aktion geronnen, konkret geworden, was Literaten und Philosophen, Historiker und Publizisten im Kammerton abgehandelt hatten. Jetzt wurde die Tat gesetzt – ein neuer Humanismus fand ans Licht einer anderen politischen Gegenwart, der die Zukunft gehörte. *Versteht man aber unter Humanismus allgemein die Bemühung darum, daß der Mensch frei werde für seine Menschlichkeit und darin seine Würde finde, dann ist je nach der Auffassung der „Freiheit“ und der „Natur“ des Menschen der Humanismus verschieden.* Sprüche, die an der Wand der Inhumanität zerschellten und gegenstandslos wurden angesichts der rauhen Wirklichkeit des deutschen Daseins. So wenigstens wurde es dem Volke eingehämmert. Und die rasche Entwicklung schien das Bild zu bestätigen.

Die Verjudung des deutschen Geistes muß ausgetrieben werden, damit die geistige Welt des deutschen Volkes auf die erd- und bluthaften Kräfte gegründet sei. Keine Gnade den jüdischen Professoren. Es begann für ihren Mann ein schmerzvoller Lernprozeß, lange dauernd, bis im Frühjahr 1934 endgültig der Schlußstrich gezogen wurde. Die Verfügung „Betr. Versetzung in den vorzeitigen Ruhestand", vom Reichsstatthalter Wagner am 24. August 1933 ausgesprochen, schlug eine tiefe Wunde. *Hiernach tritt die Zurruhesetzung des Genannten gemäß §41 des Badischen Beamtengesetzes auf 1. Dezember 1933 ein.* Bestürzt besprach sich Alfred Loewy mit seinem Freund Hans Spemann, dessen Rat er hoch schätzte und der noch bei der Geburtstagsfeier zuversichtlich war. Das Ergebnis der Aussprache war niederschmetternd. Gegen die Verfügung des Reichsstatthalters sei wohl nicht mit Erfolg zu remonstrieren, da hier Weisungen höheren Orts erfolgt seien. Nun bedeute die Zurruhesetzung eben auch, daß nicht die Rechte des Emeritus gewahrt bleiben. Er könne in Zukunft nicht mehr private Lehrveranstaltungen anbieten, könne nicht mehr am Mathematischen Institut arbeiten, sei also regelrecht vom universitären Leben abgeschnitten.

Geheimrat Spemann riet zu einer Art Gnadengesuch an den Gauleiter und Reichsstatthalter Wagner, das über den Dienstweg laufen müsse – ein Gesuch auf Emeritierung. Dadurch blieben ihm die korporationsrechtlichen Privilegien gewahrt. Er gehörte nach wie vor dem Lehrkörper an und könne gratis Lehrveranstaltungen anbieten und an der Universität als Emeritus tätig bleiben. Heidegger werde es doch befürwortend weiterleiten. Soviel Anstand könne man von ihm erwarten. Er, Spemann, wisse doch auch, daß Heidegger als Student bei Loewy gehört habe und sogar wissenschaftlich auf mathematischem Gebiet habe arbeiten wollen. An Loewy habe es ja nicht gelegen, daß daraus nichts geworden sei. Wenn der bei den Nationalsozialisten hochangesehene Rektor Heidegger, der jetzt nach der soeben erlassenen neuen Universitätsverfassung eine besonders starke Stellung habe, sich für Loewy einsetze, dann sollte die Eingabe positiv beschieden werden. Da sei er sehr hoffnungsvoll. Spemann hegte einen Zweckoptimismus. Denn er hatte durchaus vernommen, wie sein Rektor außerhalb von Freiburg mit den „reformunwilligen" Professoren ins Gericht ging. Da ließ er die Maske fallen. Sein Auftritt an der Heidelberger Universität in Sommer 1933 etwa: „Schlagt das feine Porzellan entzwei, wir können auch vom irdenen Geschirr essen und trinken." Dies alles unter dem dröhnenden Beifall der Heidelberger Studentenschaft, die in besonderer Weise fanatisiert war. Und Hans Spemann wußte, wie der noch amtierende Heidelberger Rektor, der hochangesehene Historiker Willy Andreas, Heideggers Auftritt charakterisiert hatte: „Die Rede, die dieser – wie mir scheint – buchstäblich gottverlassene Philosoph in *unserer* Aula hielt, war nur eine einzige traurige Nestbeschmutzung."

Therese Loewy standen jene Augusttage überdeutlich vor Augen. Es war ein heißer Hochsommer mit Hitzerekorden und häufigen schweren Gewittern. Sie fanden nicht leicht in den Schlaf, zu sehr lasteten die Ungewißheit und die Verfemung auf ihnen. Das Gefühl, ausgestoßen zu sein, degradiert zu sein zu Menschen und Bürgern zweiter Klasse, überwältigte sie. Sie spürten, wie sich Kollegen und befreundete Menschen, ja sogar für echt gehaltene Freunde allmählich zurückzogen. In der allerhöchsten Not gehen tausend Freunde auf ein Lot. Vorher selbstverständliche Einladungen wurden spärlicher. Wäre das Ehepaar Spemann nicht treu geblieben, sie wären ganz auf die jüdische Gemeinde beschränkt gewesen. Und dort hatte sich der Jammer konzentriert. Allenthalben, wohin man blickte, beginnendes Elend: Vernichtung der beruflichen Existenz, Verweisung von den Schulen, Boykott der jüdischen Geschäfte. Die Neigung, aus diesem Reich der Deutschen auszuwandern, verstärkte sich. Vor allem die Jüngeren verließen die Stadt. Das war ihnen nicht zu verdenken. Aber: sie schnitten die Wurzeln ab, durch die der Baum des Lebens seine Nahrung fand.

Die Feier des Sabbats war von einer Grundtrauer überschattet. Wenn Therese Loewy kurz vor Sabbatbeginn die Kerzen anzündete, tat sie dies unter Tränen, und wenn ihr Mann, der fromme Jude, den reich gedeckten Tisch einsegnete, war seine Stimme brüchig. Sie fühlten sich auf Abruf gestellt. Der Boden unter ihren Füßen war brüchig geworden. Ein schwankender Boden. Der Fall in die Bodenlosigkeit.

Tagelang hatten sie überlegt, wie das Gesuch an den Reichsstatthalter formuliert werden müsse. Frau Loewy selbst, die seit der völligen Erblindung ihres Mannes die Manuskripte und die Korrespondenz auf der Schreibmaschine tippte, hatte das Schriftstück sorgfältig ausgefertigt. Vielleicht war es zu umständlich abgefaßt, zu persönlich gehalten. Wahrscheinlich hatte sie die Kälte der neuen Herren in Karlsruhe unterschätzt. Spemann glaubte später zu wissen, daß Heidegger das Gesuch gar nicht weitergeleitet habe, geschweige denn befürwortend. Aus seinem seltsamen Verhalten müsse das zwingend geschlossen werden.

Welches Interesse hätte er auch an einer Weiterleitung nach Karlsruhe haben sollen? Und so ruht bis heute das nachfolgende Bittschreiben in den Beständen des Archivs der Freiburger Universität – ein beliebig herausgegriffenes Dokument menschlichen Schicksals:

„Freiburg i. B., 20. Sept. 1933

Hochgeehrter Herr Reichsstatthalter!

Durch Erlass vom 21. August haben Sie mich nach §3 des Gesetzes zur Wiederherstellung des Berufsbeamtentums in den Ruhestand versetzt. Ihre Entscheidung trifft mich in doppelter Beziehung schwer, nämlich wie jeden anderen Universitätsprofessor aus psychischen, wissenschaftlichen sowie finanziellen Gründen und weiter wegen meiner körperlichen Lage. Wenn die Ausnahmebestimmung des Frontkämpfers für mich nicht in Frage kommt, so ist dies durch meinen Gesundheitszustand veranlasst. Während des Krieges habe ich mich neben meinen Vorlesungen noch im höheren Schuldienst und in der Kriegsfürsorge betätigt, was von Grossherzog Friedrich am 9. September 1916 in Form des Kriegsverdienstkreuzes sowie vom damaligen Ministerium des Kultus und Unterrichts durch entsprechendes Schreiben anerkannt wurde. Infolge von Anstrengungen und Entbehrungen verlor ich 1916/17 ein Auge. Seit 36 Jah-

ren, hierunter 14 Jahre lang als ordentlicher, vorher seit 1902 als ausserordentlicher Professor und seit 1907 mit einem ununterbrochenen grösseren Lehrauftrag, wirke ich an der hiesigen Universität. Meine Tätigkeit als Lehrer und Forscher darf ich nach der anlässlich meines 60. Geburtstags im Juni dieses Jahres veranstalteten Feier und der Beurteilung der Fachkreise, die auch durch eine besondere, mir gewidmete Festschrift zum Ausdruck kam, als nicht wertlos betrachten. Verantwortungsvolle, gutachtliche Aufträge, die im Druck vorliegen, sind mir bereits vor dem Weltkrieg von der Generaldirektion der badischen Staatseisenbahnen und Salinen sowie dem badischen Ministerium des Innern übertragen worden.
Die 3. Verordnung zur Durchführung des Gesetzes zur Wiederherstellung des Berufsbeamtentums vom 6. Mai 1933 gibt bei wohlwollender Beurteilung meiner Leistungen nach Ziffer 2 der Ausführungsbestimmungen zu §3 die Möglichkeit, mich in meinem Amt zu belassen. Wenn der Herr Reichsstatthalter von dieser Möglichkeit mir gegenüber glaubt, nicht Gebrauch machen zu können, so erlaube ich mir zu bitten, wenigstens die Zurruhesetzung in eine Emeritierung umzuwandeln. Seit elf Semestern habe ich, trotzdem ich anschliessend an eine Augenoperation im Januar 1928 die Sehkraft meines zweiten Auges verlor, meine Lehr- und Forschertätigkeit in vollem Umfang fortgesetzt. Nach dieser Operation ist bei mir während der genannten 5 1/2 Jahre keine einzige Vorlesungsstunde aus persönlichen Gründen ausgefallen, und meine Veröffentlichungen haben die Würdigung der Sachverständigen auch in der ausländischen Fachpresse gefunden. Eine Emeritierung aus gesundheitlichen Gründen wäre mir in der Vergangenheit sicherlich zugebilligt worden; ich suchte aber nicht darum nach, weil ich mich stets wie auch heute noch vollkommen arbeitsfähig fühlte und meine Dienste dem badischen Staat

weiter leisten wollte. Dass man solches unter günstigen Umständen auch ohne das Licht der Augen zu tun vermag, lehrt die Geschichte des Blindenwesens, so wurde z. B. an die Spitze der verwickelten englischen Postverhältnisse Henry Fawcett, obgleich er damals bereits seit 20 Jahren blind war, als Generalpostmeister berufen und bekleidete dies Amt 4 Jahre bis zu seinem Tode. Eine Emeritierung statt einer Zurruhesetzung würde mir, wenn ich mein Amt nicht weiter versehen darf, wenigstens die Fortführung meines wissenschaftlichen Arbeitens ermöglichen und mich nicht aller derjenigen Rechte berauben, die den emeritierten Hochschullehrern als selbstverständlich zustehen. Hätte ich früher meine Emeritierung beantragt, so wäre ich wohl in meiner Lage nicht in den Ruhestand versetzt worden.
In vorzüglicher Hochachtung
sehr ergeben
Alfred Loewy"

Mit dem Herzblut geschrieben – zugleich aber in den Rauch geschrieben. Umsonst – für die Schublade verfaßt. Augen und Ohren der neuen Mächtigen waren verschlossen.

Ach, wie hatte Alfred unter seiner Blindheit gelitten, ja sogar befürchtet, in dieser neuen nationalsozialistischen Gesellschaft mit ihrer Ideologie vom gesunden Menschen noch zusätzlich belastet zu sein als Blinder. Er meinte sogar, seine Zurruhesetzung habe etwas mit diesem Leiden zu tun. Um so mehr beschäftigte er sich mit dem Schicksal großer Männer, die als Blinde ihre Lebensleistung vollbracht oder vollendet haben. Elf Biographien trug er zusammen. *Sehenden zur Belehrung. Nichtsehenden zur Erhebung und Bewährung.* Sie schrieb das Buchmanuskript nach Diktat. Ihr Mann hatte sein äußerstes Engagement gegeben und sich mit dem Schicksal etwa des berühmten Mathematikers Leonhard Euler, dem des Komponisten Georg

Friedrich Händel identifiziert und zugleich Trost darin gefunden, daß auch nach Verlust des Augenlichts die Kraft des Geistes zu schöpferischer Tätigkeit fähig blieb. Dies war sein Vermächtnis. Er fand freilich keinen deutschen Verlag mehr. Juden werden nicht mehr verlegt. Ein Schweizer Verlag erbarmte sich des *vordem ordentlichen Professors der Mathematik an der Universität Freiburg i. Br.* Wenige Tage vor seinem raschen Hinschied durfte er ein druckfrisches Exemplar – schon auf dem Krankenlager – in Händen halten. Dieses liebe Erinnerungsstück sollte sie vielleicht mit auf die Reise nehmen. Behutsam legte sie es zur Seite.

Der Rektor Martin Heidegger freilich hatte das so persönlich gehaltene Bittschreiben nicht weitergeleitet, dem immer noch hoffenden jüdischen Professor, seinem einstigen Universitätslehrer, auch keinen Bescheid gegeben, vielmehr tatenlos die Frist bis zum 1. Dezember 1933 verstreichen lassen. Dann wurde mit der Entlassung des Professors Loewy und weiterer Juden, zum Beispiel des engeren Philosophenkollegen des Rektors, des Professors Jonas Cohn, der Verjudung des deutschen Geisteslebens Paroli geboten. Abgeschnitten werden von der wissenschaftlichen Arbeit, regelrecht herausgeworfen sein aus Forschung und Lehre, getrennt werden von den Schülern, deren weiterer Weg ungewiß sein wird. Die jüdischen Studenten, die Diplomanden und Doktoranden, sind besonders schwer getroffen. Wer soll sie weiterbetreuen, da wenig Bereitschaft der arischen Kollegen zu erwarten ist. So bleibt frühes Exil für diese jungen Menschen meist die einzige Lösung. Exodus. Exodus des Geistes.

Glücklich sind sie zu preisen, da ihnen erspart geblieben ist, was die Zurückgelassenen erwartet. Die Wertheimer, Löwenthal, Kissinger, Cohn, Mandelbaum, und was an jüdischen Sippen existiert. Und wo sollen die vielversprechenden Nachwuchswissenschaftler jüdischen Stammes ihre

Forschungsergebnisse publizieren, da ihnen die deutschen Zeitschriften verschlossen werden? Die mühsame Suche nach ausländischen Organen setzt ein, jene entlegenen Organe mit geringer Verbreitung. Deutsche Mathematik von guter Art gegen jüdische Mathematik, durch Entartung gekennzeichnet. Die Verjudung des deutschen Geisteslebens. Austreiben muß man dieses uferlose Treiben verstandesmäßiger Zergliederung und ins deutsche Volk hineinpressen den Geist, der da ist ursprünglich gestimmte, wissende Entschlossenheit zum Wesen des Sein. Ja, die Wissenden, die Wenigen, die ihre Bünde suchen und finden, die Ahnenden, die das verborgene Geschehnis sehen. Zu diesen Auserwählten deutschen Geistes gehören die Söhne und Töchter des auserwählten Gottesvolkes nicht. Denn ihr Gott, mit dem sie einen ewigen Bund geschlossen haben, ist tot. Und der Bund ist mit dem toten Gott ins Grab geworfen. Die Stätten, die der Anbetung dieses toten Gottes gewidmet und geweiht sind, werden für vogelfrei erklärt, mit dem Bann belegt, geächtet. Sie sind der Vernichtung preisgegeben.

Die Wahrheit wird euch freimachen. Nur ahnte der naive Alfred Loewy nicht, daß sein Rektor, dem er noch immer ein Quentchen Vertrauen entgegenbrachte, die günstige Gelegenheit, seine Universität judenfrei zu machen, bereitwilligst ergriff, um die weltentscheidende geistige Weichenstellung vorzunehmen: dem deutschen Geistesleben wieder echte bodenständige Kräfte zuzuführen, um der wachsenden Verjudung zu steuern. Jetzt hatte das Seinsgeschick den Deutschen schicksalhaft den Boden bereitet, worauf die Bodenständigkeit aufruhte. Blut und Boden. Die erd- und bluthaften Kräfte. Der kindlich gebliebene jüdische Professor Loewy, inzwischen aus dem Lehramt verbannt und von der Universität abgeschnitten, schrieb seinem Rektor nochmals im Februar 1934. Er sei auf seine Eingabe vom

Herbst vergangenen Jahres ohne Antwort geblieben. *Infolge dessen erlaube ich mir die Anfrage, ob Eure Magnificenz in der Lage ist, mich über den Weg der Eingabe zu informieren.* Therese Loewy las erneut das kühle und knappe Antwortschreiben seiner Magnifizenz: *...teile ich Ihnen mit, daß nach Rücksprache mit dem Leiter der Hochschulabteilung im Kultusministerium der Weiterverfolg Ihrer Eingabe aussichtslos ist.* Die Unterschrift, kalligraphisch fein ziseliert in der formschönen deutschen Schrift: Heidegger. Der Weiterverfolg – welche Amtssprache des Magiers der Sprache! Im vergangenen Sommersemester 1940 hat Therese Sara Loewy im großen Hörsaal gesessen, der total überfüllt war – die ganze Stadt Freiburg schien gekommen zu sein –, um Heideggers Vortrag über Hölderlins Hymne „Wie wenn am Feiertage" zu lauschen, in den Bann geschlagen wie alle Hörer dieses Wortes. Wie er in hoher Stimmlage den Dichter aufschloß, er der kongeniale Denker. Sie konnte sich der Verführung nur entziehen durch die Erinnerung an diese schlimme Korrespondenz, die aus den Anfängen der nationalsozialistischen Diktatur stammte. Diese Worte von damals brachte sie in Verbindung mit den Sätzen von 1940, die um Hölderlins berühmte Zeilen kreisten: *Jezt aber tagts! Ich harrt und sah es kommen, / Und was ich sah, das Heilige sei mein Wort!* Dazu der Heidegger vom Sommersemester 1940, als der rasche Sieg über Frankreich errungen war und das Großdeutsche Reich im Siegestaumel trunken war: *Hölderlin nennt das Tagen als das Lichtwerden der in allem gegenwärtigen Lichtung. Das Erwachen des lichtenden Lichtes ist jedoch das stillste aller Ereignisse.*

Nein, sie mußte diese herrlichen, ja kostbaren Sätze in Vergleich setzen mit jenem bösen Brief, den der Rektor Martin Heidegger 1934 an den Dekan der naturwissenschaftlichen mathematischen Fakultät, den Kollegen Soergel, geschrieben hatte. Der Freund Hans Spemann hatte angeregt, an Loewy möge im Hinblick auf sein Ausscheiden ein Abschiedswort gerichtet werden. Eine Geste, die menschliche Verbundenheit gezeigt hätte. Eine Geste, die die Kälte des Herzens überwunden hätte. Sie hätte die Universität nichts gekostet als ein Stück Papier. Der Dekan erlaubte sich, diese Bitte an den Rektor weiterzuleiten, der postwendend am 26. Januar 1934 – kurz vor dem ersten Jahrestag der Machtergreifung Hitlers – Seiner Spektabilität antwortete: *Auf Ihre Anregung vom 22. Januar 1934 erwidere ich, daß Abschiedsschreiben in solchen Fällen nicht üblich sind und daß ein solches insbesondere in vorliegendem Falle nicht in Betracht kommt.* Spemann hatte sie davon unterrichtet. In solchen Fällen, das waren die Fälle der Entjudung der Universität. Was ihr Mann aber nie verwunden hat bis zu seinem frühen Tod – der Herr sei ihm gnädig –, war die Wendung *insbesondere in vorliegendem Falle.* Was hegte der mächtige, unangefochtene Heidegger, auf dem Höhepunkt seiner Laufbahn stehend, überreich mit politischem Prestige ausgestattet, gegen ihn, den kleinen, jetzt niedergedrückten, verfemten Ordinarius der Mathematik, weiland Ordinarius. Dieser hatte sich nichts zuschulden kommen lassen – es sei denn seine jüdische Herkunft, die ihm eingeboren war. Loewy zermarterte sein Gehirn, versetzte sich in die Jahre 1911 bis 1915, als der talentierte Studiosus und Doktorand Heidegger bei ihm hörte und sich mit großer Intensität um eine Habilitation über ein mathematisches Thema bemühte. Nein, an ihm, an Loewy war es nicht gelegen, daß der wissenschaftliche Weg des Hochbegabten eine andere Richtung nahm.

Doch wohl die richtige Richtung. Kein Holzweg.

Dieser Antwortbrief des Rektors an seinen Dekan blieb ihm rätselhaft, verschlüsselt – wie ihm Heideggers Sprache verborgen blieb. Der Herr des Lebens erlöste den grübelnden Wissenschaftler von den Leiden dieser Welt. Er brauchte nicht die Erniedrigung der deutschen Juden zu erleben. Nicht die Vereinsamung, wenn sich die Freunde zurückzogen. Freunde in der Not gehen tausend auf ein Lot. Nicht die Zerstörung der Synagoge, seiner beständigen Stätte des Gebetes. Er wurde nicht zu früher Morgenstunde von den Geheimen herausgeklingelt zum Abtransport an ein ungewisses Ziel. Gott war ihm gnädig geworden.

Er durfte heim zu seinen Vätern in Frieden.

Therese Loewy mußte sich aufraffen, mußte sich entscheiden. *Jezt aber tagts. Ich harrt und sah es kommen, / Und was ich sah, das Heilige sei mein Wort. Hölderlins Wort sagt das Heilige und nennt so den einmaligen Zeit-Raum der anfänglichen Entscheidung für das Wesensgefüge der künftigen Geschichte der Götter und der Menschentümer. Dies Wort ist, noch ungehört, aufbewahrt in die abendländische Sprache des Deutschen.* So hatte Heidegger seinen Hölderlin-Vortrag beschlossen. Sie aber gehörte nicht mehr und schon längst nicht mehr zu den Deutschen, deren Sprache sie sprach. Ihre Muttersprache. Aber die Mutter Deutschland hatte sie von sich gestoßen. Die Sprache des Deutschen. Die Sprache Hölderlins. Sie durfte als Fremde nicht mehr vom versiegelten Quell im geschlossenen Garten trinken, so sehr sie auch dürstete. Sie hatte keinen Anteil mehr.

Draußen war es inzwischen hell geworden. Es tagte jetzt. Frau Wießler zog recht geräuschvoll die Verdunkelungsrollos hoch und schlug die Fensterläden stärker als gewöhnlich an die Außenwand. Die Riegel, mit denen sie die Läden feststellte, quietschten in einem pfeifenden Ton. Die kühle, frische Morgenluft strömte in die obere Etage ein, stieß die angelehnte Zimmertüre auf und wirbelte die Blätter, die auf dem Empiretischchen lagen, durcheinander. Von der Straße drangen aufgeregte Stimmen herauf. Frau Wießler, neugierig geworden, schaute hinunter und sah, wie von der Ecke Rheinstraße/Katharinenstraße her Frau Thilde Schlesinger und Herr Simon Strauß von Nr. 17 Rheinstraße, die alte Frau Emma Kahn von Nr. 37 Rheinstraße und der greise Herr Ludwig Epstein von Nr. 60 Rheinstraße in Polizeibegleitung ihr schweres Gepäck schleppten. Die Koffer schlurften auf den Gehwegen, die mit den schönen, für Freiburg typischen Kieselsteinen belegt waren, und die Gepäckstücke schlugen an die Bordsteinkanten. Die Polizisten verzogen kein Gesicht. Da gab es nichts zu helfen. Das mußte durchgestanden werden. Befehl ist Befehl. Und Recht bleibt Recht. Das Recht des Stärkeren. Viele Fenster der Häuser in der Katharinenstraße taten sich auf, und die Nachbarinnen kommentierten die Vorgänge deutlich genug. Was hatten die alten Leute denn auf dem Kerbholz, daß sie auf diese unmenschliche Weise wie Verbrecher verhaftet und abgeholt werden müssen. Also doch: die nehmen offensichtlich alle

Juden fest, nicht nur in einer Auswahl. Frau Wießler rief ihrem Mann zu, was sie gerade miterleben müsse. Jetzt, da es tagte, blieb der Frau Professor nicht mehr viel Zeit. Die werden bald dastehen – und es ist noch immer nicht gepackt. Die Frau benötigt doch eine ordentliche Ausrüstung. Wer weiß, wohin der Weg führen wird. Und der Winter steht vor der Tür. Jesus und Maria, es geht auf halb acht zu.

Therese Loewy schien den Lärm der Straße nicht zu vernehmen. Sie verharrte in sich gekehrt, wie unschlüssig, vor all den Erinnerungsstücken. Sie harrte der kommenden Dinge, des Un-Heiligen, das sie nahen sah. Harre, meine Seele, harre des Herrn. Alles ihm befehle, hilft er doch so gern! Der Heilige, ihr Gott, den sie ein Leben lang fromm verehrte, wird ihr zur Heimat werden. Im Hause Jahwes darf sie wohnen auf die Länge der Tage. Herr, mein Gott, zu dir nehme ich meine Zuflucht. Errette mich von meinen Verfolgern und befreie mich, auf daß keiner einem Löwen gleich meine Seele raubt. *Jezt aber tagts, Ich harrt und sah es kommen.* Sie sei gleich fertig, müsse nur noch einige Zeilen zu Papier bringen. Den Brief schrieb sie nicht mehr, weil ihr die schwachen körperlichen Kräfte zu anderem dienen mußten, aber die Sätze waren formuliert, einem letzten Willen ähnlich. Worte des Abschieds. Unausgesprochen, nicht aufgeschrieben und dennoch gedacht. Im Schweigen verhüllt und dennoch geborgen enthüllt dem, dessen Gehör geschärft genug ist, um den lautlosen Stimmen zu lauschen.

Liebe Frau Geheimrat Spemann, sehr verehrte Freundin! Wenn Sie diesen Brief erhalten, werden wir voneinander schon Abschied genommen haben. Abschied für immer. Meine letzten Worte und Gedanken gelten all den Menschen – in den letzten Jahren nur noch ein kleiner Kreis –, die mir ein Leben der Einsamkeit und der Verfemung noch erträglich gestaltet haben. Zunächst habe ich also der Dankespflicht zu genügen. Ich tue dies zugleich im Namen meines in Gott seligen Mannes, der bei Ihnen und Ihrem Kreis auch die Geborgenheit gefunden hat, die ihm sonst verwehrt wurde.

In dieser Stunde des Abschieds – Sie werden die näheren Umstände aus dem Bericht meiner Wohnungswirtin erfahren – denke ich lebhaft an die vielen erhebenden Gespräche, die im Lesekränzchen möglich wurden. Ich lausche den Hauskonzerten nach, die in unserer früheren Wohnung stattfinden konnten. Auch jetzt klingen die Tonsätze unserer Meister in mir und schwingen tröstlich durch den Raum, aus dem ich bald gehen werde. Ich werde aus dem Zeit-Raum gehen, weil es tagt und das Unheil naht, das Un-Heilige im Zeichen der Heil-Rufe, die an mein Ohr gellen.

Ich scheide ohne Verbitterung und klaglos, nur voller Trauer über die Schmach, die meinem Volk, dem Volk Gottes, angetan wurde, von meinem Volk, dem Volk der Deutschen, dem ich mich zugehörig fühle, das mir vertraut ist seit Kindheit an, dessen Sprache ich als Muttersprache spreche und liebe. Auch wenn dieses Volk sich unter das Kreuz, unter die Karikatur des Kreuzes, das Hakenkreuz, gebeugt hat. Dieses Zeichen scheint siegbringend zu sein. Und unser Volk ist vom Siegestaumel überwältigt. Doch glauben Sie, verehrte Freundin, der Anfang vom Ende ist da. Er hat uns bereits eingeholt, ja überholt.

Das Böse wird triumphieren, weil die Geschöpfe das Göttliche ausgeschlossen haben. Diese Geschöpfe freilich leugnen ihre Geschöpflichkeit, sie wollen nicht mehr anerkennen, daß Gott, mein Gott, den Menschen nach seinem Bilde geschaffen hat.

Ich kehre heim zu meinem Gott, der mir Heimat gewähren wird, Heimat, die mir in diesem Zeit-Raum verweigert wird. So harre ich auf den Herrn, der mich befreien wird.

Zum Beschlusse dieses Briefes möchte ich eine Bitte äußern. Da ich nicht mehr zu den Gräbern meiner Lieben gehen darf, wäre ich Ihnen dankbar, wenn Sie gelegentlich den freilich beschwerlichen Weg zum guten Ort, wie wir frommen Juden den Begräbnisort nennen, gehen könnten. Dann gedenken Sie auch meiner. Ich scheide mit einem Gedicht von Rilke, das wir beide so lieben und oft in unserem Kreis rezitiert haben.

Die Blätter fallen, fallen wie von weit,
als welkten in den Himmel ferne Gärten;
sie fallen mit verneinender Gebärde.
Und in den Nächten fällt die schwere Erde
aus allen Sternen in die Einsamkeit.
Wir alle fallen. Diese Hand da fällt.
Und sieh dir andre an: es ist in allen.
Und doch ist Einer, welcher dieses Fallen
unendlich sanft in seinen Händen hält.

Ihre stets dankbare
Therese Loewy

Postscriptum: Wir fallen nicht ins Bodenlose, weil der gute Gott gesprochen hat: Ich habe deinen Namen in meine Hand geschrieben, und du bist mein. In dieser Zuversicht kehre ich heim; auch wenn ich falle, ist der Herr mein Hüter. Sein Stecken und sein Stab sind meine Stütze. Er wird mich in meinem Fallen unendlich sanft in seinen Händen halten. Des bin ich gewiß.

Das harte Schrillen der Türklingel kündigte die Männer der Geheimen Staatspolizei an. Mein Gott, es ist bald Zeit, das Ladengeschäft zu öffnen. Sie hatte da schon heikle Kunden, die auch jetzt, wo nur auf Fleischmarken verkauft werden durfte, nach entgegenkommender Bedienung verlangten. Und der Krieg wird ja nicht ewig dauern. Und in Friedenszeiten ist unsereins auf Kundschaft angewiesen. Die Konkurrenz schläft nicht. Es muß also die Angelegenheit Loewy schnell über die Bühne gehen. Wenn die Frau Professor Loewy nicht zu Streich gekommen ist, dann muß sie eben mit dem vorliebnehmen, was sie sich selber eingebrockt hat. Diese Suppe muß sie schon alleine löffeln. Denn die von der Polizei fackeln nicht lange. Das sah man vorhin, als die Juden aus der Rheinstraße geholt wurden. Die hatten wenigstens alles ordentlich gepackt und beieinander, ihre guten Wintermäntel angezogen. Herr Epstein trug seine warme Pelzmütze. Da konnte man zufrieden sein. Aber die feine Frau Professor Loewy hat es offensichtlich nicht nötig, sich an die Anweisungen zu halten. Im Grunde ist das sehr ärgerlich und äußerst peinlich, schon wegen der Nachbarschaft, die voller Neugier ihr Haus nicht aus den Augen läßt. Die Jüdin muß doch raus. Wie es auf einmal so still geworden ist. Fast unheimlich. Wäre da nicht das Poltern der Beamten gewesen, als sie die Treppe heraufstürmten.

Denn jedes Fleisches Leben ist sein Blut kraft seines Lebensodems. Das irdische Leben, Therese Loewy, die gläubige Jüdin, kannte das Buch Levitikus zu genau, ist im Blut vorhanden. Zart glitten ihre Finger über die makellos gebliebenen Tasten des geliebten Flügels, Abschied nehmend von einer Zeit des Glücks, der Freude, der Liebe, Abschied nehmend von einer Zeit der Trauer, der Schmerzen, des Hassens. Heimgehen zu den Vätern. *Wenn Dein Mütterlein tritt zur Thür herein, / Und den Kopf ich drehe, ihr entgegensehe, / Fällt auf ihr Gesicht erst der Blick mir nicht, / Sondern auf die Stelle, näher nach der Schwelle, / Dort, wo würde Dein lieb Gesichtchen sein, / Wenn Du freudenhelle trätest mit herein / Wie sonst mein Töchterlein. / Wenn zur Thür herein tritt Dein Mütterlein / Mit der Kerze Schimmer, ist es mir als immer, / Kamst Du mit herein, huschest hinter drein / Als wie sonst ins Zimmer.*

Und da lag sie nun in ihrem Blute, hingebettet, leblos fast, aber noch nicht ausgelöscht. Frau Therese Loewy hatte sich die Pulsadern geöffnet, wurde noch in die Chirurgische Universitätsklinik Freiburg eingeliefert, wo sie am nämlichen Tag, dem 22. Oktober 1940, am Abend des Laubhüttenfestes – genau 20.45 Uhr – verstarb. *Der Gerechten Seelen sind in Gottes Hand, und keine Qual rühret sie an.* Die Klinikrechnung für den einen Tag, den Tag des Laubhüttenfestes, über 4,90 Reichsmark für ein Bett 3. Klasse zuzüglich 1,73 Reichsmark für ein Medikament – der Stationsarzt Dr.

Kratz hatte ein Schmerzmittel verordnet – wurde an Frau Wießler geschickt, die diese Summe verauslagte und sie dann zusammen mit den Kosten der Zimmerreinigung – die vielen Blutflecken! – in Höhe von 17,10 Reichsmark dem Nachlaßverwalter gegenüber geltend machte. Therese Sara Loewy fand ihr Grab unweit den Ruhestätten ihres Mannes und ihres Töchterchens auf dem jüdischen Friedhof der Stadt Freiburg i. Br. Wie es bei den Juden Sitte war, erfolgte die Beisetzung in kürzester Frist. Niemand außer den Totengräbern gab das Geleit, weil keine jüdische Gemeinde nach dem 22. Oktober 1940 in Freiburg existierte. Und niemand legte ein Kieselchen auf den Grabstein. Und niemand wird je ein Steinchen auf die Grabsteine des Töchterchens und des Gatten legen.

Die Porträt-Photographien von Alfred und Therese Loewy, von der Gestapo beschlagnahmt, wurden 1941 an Professor Dr. Hans F. K. Günther, den Rasse-Günther, übergeben, damit sie als Anschauungsmaterial in seinem Institut für Rassenkunde und Bauerntumsforschung dienten – typische Merkmale der jüdischen Rasse; man hatte ihn von der Universität Jena in seine Vaterstadt Freiburg berufen, ihn, der den Schlüssel zur Judenfrage geliefert hat. Dieses Institut der Freiburger Universität ging am 27. November 1944 um 20.00 Uhr im Feuersturm unter mitsamt der „wertvollen" rassenkundlichen Sammlung. Und auch das ehemalige Quartier, zu dem die Katharinenstraße gehörte, wurde durch das Flächenbombardement am nämlichen Abend völlig vernichtet. Es blieb kein Stein mehr auf dem andern. Und mehr als 3000 Freiburger Einwohner, darunter viele Kinder, fanden den Tod.

Nachwort

Damit endet mein erzählender Bericht, eine historische Erzählung, bei der ich mich durchs Denken in das Innere eines anderen, genauer von zwei Menschen ganz unterschiedlicher Herkunft und Zugehörigkeit versetzte (die großbürgerliche orthodox-jüdische Witwe und die eher biedere, kleinbürgerliche Handwerkergattin katholischer Konfession), von zwei Menschen, die für eine knappe Zeitspanne aufeinander verwiesen wurden und in einem Augenblick den Abschied für immer erlebten. Ich muß freilich in einem längeren Nachwort Aufschluß geben über das zugrundeliegende Quellenmaterial und über die durch Fakten belegten historischen Zusammenhänge – diese gleichsam aus der Erzählung herausfiltern, damit die in die Geschichte verwobenen Tatsachen erkennbar werden. Zunächst sollen die Rahmenbedingungen skizziert werden.

Am 29. Oktober 1940 meldete der Chef der Sicherheitspolizei und des SD (Sicherheitsdienst), Heydrich, an das Auswärtige Amt zu Händen des SA-Standartenführers Luther:

„Der Führer ordnete die Abschiebung der Juden aus Baden über das Elsaß und der Juden aus der Pfalz über Lothringen an. Nach Durchführung der Aktion kann ich Ihnen mitteilen, daß aus Baden am 22. und 23.10.1940 mit sieben Transportzügen und aus der Pfalz am 22.10.1940 mit zwei Transportzügen

<u>6.504 Juden</u>

im Einvernehmen mit den örtlichen Dienststellen der

Wehrmacht, ohne vorherige Kenntnisgabe an die französischen Behörden, in den unbesetzten Teil Frankreichs über Chalon-sur-Saône gefahren wurden.

Die Abschiebung der Juden ist in allen Orten Badens und der Pfalz reibungslos und ohne Zwischenfälle abgewickelt worden.

Der Vorgang der Aktion selbst wurde von der Bevölkerung kaum wahrgenommen.

Die Erfassung der jüdischen Vermögenswerte sowie ihre treuhänderische Verwaltung und Verwertung erfolgt durch die zuständigen Regierungspräsidenten.

In Mischehe lebende Juden wurden von den Transporten ausgenommen."

In der Tat: diese Abschiebe-Aktion ist gut dokumentiert. Es mußten ja Akten entstehen in Anbetracht der vernetzten Behördenstruktur. Und wir Deutschen lassen uns in der Aktenführung schwerlich übertreffen, wie auch aus den Befunden der jüngsten Zeit zu ersehen ist: viele Kilometer Stasi-Akten in der Gauck-Behörde. Wer will, kann das reiche Material zur Kenntnis nehmen. Allein für Baden-Württemberg wurde vor fast dreißig Jahren in zahlreichen Bänden durch die staatliche Archivverwaltung das Schicksal der verfolgten Bürger minutiös dargestellt.[1] Doch reicht dies aus, um ein echtes Gedenken zu wahren? Ist nicht vielmehr eher die Gefahr gegeben, daß die schlimmen Vorgänge in den Dokumentenbänden vergraben sind und nicht nur die Namen, sondern auch die damit verbundenen menschlichen Schicksale dem Vergessen anheimfallen? Und was sagen die großen Zahlen aus – je gewaltiger die Kollektive, desto stärker die Distanz zu den Betroffenen. Der Einzelname ist eingetaucht in das unermeßliche Zahlenmeer, regelrecht darin versunken. Was daher not tut, ist die Vereinzelung. Jede Nummer meint einen Menschen, der in die Maschinerie der Vertreibung und dann auch der Vernichtung geraten ist. Erst wenn das Schicksal einer kleinen Gruppe, einer Familie oder auch nur eines Menschen konturiert wird, kann Betroffenheit entstehen. Alle Geschichte muß vom leidenden und handelnden Menschen ihren Ausgang nehmen (Jacob Burckhardt). Es gibt Zeiten, da der handelnde Mensch im Zentrum steht. Wir haben längst die Zeit erreicht, da des leidenden Menschen zu Recht gedacht werden muß.

Jede Nummer auf der Liste – und es wurden sehr viele Listen angelegt – kann zu uns sprechen, wenn die hinter ihr stehende Person in unser Gedenken zurückgerufen wird.

„3. Jeder Transportführer erhält auf der Sammelstelle eine Liste, aus der der ihm zugewiesene Autobus, die zugeteilten Beamten, die Namen und Wohnorte der festzunehmenden Personen zu ersehen sind. Die Namen der zugeteilten Beamten sind – soweit noch nicht geschehen – vom Transportführer nachträglich einzusetzen.

4. Der Transportführer teilt den ihm zugeteilten Beamten die Namen und Anschriften der festzunehmenden Personen mit.

5. Nachdem den eingesetzten Beamten die Personalien der Juden bekanntgegeben worden sind, begeben sie sich zu den Wohnungen der Betroffenen. Sie eröffnen ihnen alsdann, daß sie festgenommen sind, um abgeschoben zu werden, wobei darauf hinzuweisen ist, daß sie in zwei Stunden abmarschbereit sein müssen. Etwaige Zweifelsfragen sind dem Leiter der Sammelstelle mitzuteilen, der eine Klärung herbeiführen wird; eine Aufschiebung der Vorbereitungen ist nicht zuzulassen."[2]

Dies ein Auszug aus dem „Merkblatt für eingesetzte Beamte". Es war mit „geheim" klassifiziert.

In diesem trockenen polizeilichen Jargon war das Prozedere zusammengefaßt. Wir wissen also schon lange, wie Festnahme und Abschiebung am 22. Oktober 1940 abgelaufen sind: schnell, reibungslos, ohne nennenswertes Aufsehen. Die „Personen“ wurden einfach abgeholt. Indes: die „Personen“ wurden doch herausgerissen – aus dem Wohnumfeld, aus den Nachbarschaften, aus den Freundeskreisen. Diese „Personen“ waren in der Regel seit Generationen mit ihren Vorfahren eingewurzelt und tief verankert in den Dörfern und Städten. Dies trifft vor allem auf das Land Baden zu. Denn im einstigen Großherzogtum Baden wies die Emanzipation der Juden im Vergleich mit anderen Staaten des Deutschen Bundes einen zeitlichen und qualitativen Vorsprung auf. Auch in dieser Beziehung wurde Baden seinem Ruf als „musterhaft“ gerecht: In Stufen hatte sich die rechtliche wie verfassungsmäßige Konsolidierung vollzogen – Grundlage war und blieb das landesherrliche Edikt über die Verhältnisse der Juden vom 13. Januar 1809 mit der wichtigen Behörde des neun Mitglieder zählenden Oberrates der Israeliten, dem maßgeblichen Leitungsgremium der israelitischen Religionsgemeinschaft, präsidiert von einem nichtjüdischen landesherrlichen Kommissär. Dieses Edikt war also der beständige Grundpfeiler.

Der nächste Schritt war das Gesetz vom 4. Oktober 1862, das die bürgerliche Gleichstellung der badischen Israeliten verankerte – eine wesentliche Verbesserung. Freilich führte diese gesetzliche Regelung vor Ort in vielen Fällen zu erheblichen Irritationen, so auch in der Universitätsstadt Freiburg, wo es unter den Geschäftsleuten zumal erheblichen Protest gegen diese progressive Judenemanzipation gab, der freilich letztlich nicht mehr fruchtete. Denn: das Gesetz mußte vollzogen werden. Schließlich wurde 1894 mit der Einführung der Synodalverfassung die Organisation der israelitischen Religionsgemeinschaft profiliert und zugleich abgerundet.

Auf diesem Hintergrund ist die Verrohung der rechtlichen Sitten und ist der Verfall der bürgerlichen Nachbarschaft zu sehen. Im Auswärtigen Amt, das ja nicht völlig von der NSDAP und dem Reichssicherheitshauptamt kontrolliert war, wurde die badisch-pfälzische Nacht-und-Nebel-Aktion mit Unbehagen registriert. So brachte ein Referent in einem Aktenvorgang vom 6. Januar 1941 – das Reichssicherheitshauptamt teilte dem Auswärtigen Amt auf Anfrage mit, der gegenwärtige Aufenthalt der abgeschobenen Juden sei im einzelnen nicht bekannt – einen Randvermerk an: „Das war die bekannt-üble Großaktion des Gauleiters Wagner (6000–7000 Juden) aus Baden und der Pfalz."

Die schnöde Lüge des Reichssicherheitshauptamtes spreche für sich: Natürlich war bekannt, daß Gurs zur vorläufigen Endstation der abgeschobenen Juden wurde; daß die 6500 Menschen zu den bereits vorhandenen mehrere Tausend zählenden jüdischen Emigranten aus Deutschland und Österreich gepfercht wurden, daß der Tod über die Wintermonate 1940/41 – ein besonders strenger Winter! – in Gurs reiche Ernte hielt. Übrigens wurde im Spätherbst 1940 der sogenannte Madagaskar-Plan diskutiert: danach sollten alle Juden aus dem deutschen Machtbereich auf diese große Insel, die zum französischen Kolonialreich gehörte, zu gegebener Zeit transportiert werden. Ich habe diese historischen Fakten in meinen erzählenden Bericht eingefügt, meist en passant.

In diesen Zusammenhang gehört auch die Erfassung und Abschiebung der Freiburger Juden im Morgengrauen des 22. Oktober 1940. Und hier ist das Schicksal der Therese (Sara) Loewy, geb. Neuburger, Witwe des weiland ordentlichen Universitätsprofessors Dr. Alfred Loewy, verortet. Was wissen wir von diesem Ehepaar, das auf dem jüdischen Friedhof in Freiburg beigesetzt ist, wo auch das kleine Grab des früh verstorbenen Kindes angelegt war – die Gräber liegen nahe beieinander? Wir wissen sehr viel, da nach bewährter deutscher Gründlichkeit die Nachlaßakten überliefert sind.[3] Die Eheleute hatten ein gemeinschaftliches Testament hinterlegt, das nach dem Tode von Alfred Loewy 1935 geöffnet wurde, womit die Aktenführung im Nachlaßgericht begann. Ich bin auf dieses Material gestoßen, als ich mich aufmachte, dem Schicksal dieser beiden Leute nachzugehen.

Der Name von Therese Loewy erscheint auf der Gesamtliste der Abzuschiebenden – diese befindet sich im Badischen Generallandesarchiv in Karlsruhe, sauber nach Kreisen und Orten geordnet, insgesamt 5617 Namen umfassend. Der Stadtkreis Freiburg enthält die Nummern 425–779. Therese Loewy hat die Nummer 621. Dort wird freilich nicht vermerkt, daß sie sich der Abschiebung durch den Freitod entzogen hat.[4] Sie gilt als eine nach Gurs verbrachte Jüdin.

Aus diesen eben erwähnten Unterlagen, vor allem aus den zahlreichen Informationen der Nachlaßakten lassen sich die Herkunft, der Bildungsgang, die verwandtschaftliche Vernetzung, die testamentarischen Verfügungen, etwa auch die beständigen Bemühungen der Witwe, eine Grabstelle durch Vorauszahlung des Kaufpreises zu sichern, erheben. Da nach dem Suizid von Therese Loewy die Hinterlassenschaft beschlagnahmt und unter Verwaltung gestellt wurde – sogenannte Nachlaßpflegschaft –, erfahren wir z. B. bis ins Detail, welche Musikalien noch in den untergemieteten Zimmern der Katharinenstraße Nr. 12 vorhanden waren (allein dieses Verzeichnis umfaßt 18 Seiten) oder welche Bücher im Regal standen.

Selbstredend sind die Vermögenswerte aus den Unterlagen der Bankdepots genauestens registriert. Und auch das Mobiliar, größtenteils bei Speditionen eingelagert, ist bis auf den letzten Stuhl und Hocker aufgelistet worden. In diesen Nachlaßakten befinden sich die Sterbeurkunde (vom verpflichteten Leichenschauer Häringer wurde der Tod in der Chirurgischen Klinik 22.10.1940, 20.45 Uhr festgestellt.

Die Sterbefallsanzeige ging beim Ortsgericht Freiburg ein, das die ortsgerichtlichen Erhebungen vornahm und bemerkte, „daß die Wohnung von der Kriminalpolizei versiegelt worden ist") und auch die übrigen Dokumente, wie diese in der Erzählung verwendet worden sind.

Der stufenweise Rückzug der Witwe aus der herrschaftlichen Wohnung in der Reichsgrafenstraße seit 1938 – die Hausgemeinschaft, der Nachmieter, das gesamte Wohnumfeld sind bekannt – über die Poststraße bis zum Untermieterverhältnis in der Katharinenstraße ist lückenlos nachzuvollziehen, ein Spiegelbild der gesellschaftlichen Vereinsamung, wobei nur ein kleiner Kreis zu der verwitweten Jüdin Therese Loewy stand: Dazu gehörte Frau Klara Spemann, die Gattin des Nobelpreisträgers Geheimrat Professor Hans Spemann. Aus den Nachlaßakten erfahren wir sogar die Titel der in diesem privaten Lesezirkel umlaufenden Bücher. Hans Spemann war übrigens einer der wenigen Universitätsangehörigen, die im Januar 1935 dem Mathematiker Alfred Loewy das Totengeleit gaben.[5] Soweit die Beschreibung der äußeren Rahmenbedingungen und der Verläufe.

Damit stehen wir in der Mitte unserer Überlegungen und im Herzen unserer Motivation. Auf den Namen des Mathematikers Loewy stieß ich erstmals bei meinen Untersuchungen über Martin Heidegger – später zusammengefaßt in meinem Buch „Martin Heidegger. Unterwegs zu seiner Biographie".[6] Martin Heidegger studierte nach dem Abitur 1909 zunächst drei Semester katholische Theologie mit dem Ziel, Priester zu werden, mußte jedoch im Februar 1911 wegen schlechter Gesundheit aufgeben, pausierte im Sommersemester 1911 und orientierte sich ab Wintersemester 1911/12 hin zu Mathematik und Naturwissenschaften. In den Zahlungslisten der Akademischen Quästur erscheint Martin Heidegger über drei Semester als Hörer von Professor

Loewy.[7] Martin Heidegger hielt einige Zeit an dem Plan fest, sich in einem Gebiet von Philosophie *und* Mathematik wissenschaftlich zu qualifizieren. Inwieweit er in dieser Hinsicht näher mit Loewy in Verbindung trat, muß im einzelnen offenbleiben. Jedenfalls kannten sich die beiden seit dieser Zeit ziemlich gut.

Diese Beziehung habe ich zunächst nicht weiter untersucht, bis mir später die Umstände der vorzeitigen Zurruhesetzung des sechzigjährigen Loewy (1933) aufgrund des Reichsgesetzes zur Wiederherstellung des Berufsbeamtentums bekannt wurden. Der inzwischen weltberühmte Philosoph Martin Heidegger hatte als Rektor 1933/34 die Entlassung resp. Zurruhesetzung der Betroffenen – im Grunde nur nicht-arische Beamte – zu vollziehen. Und in diesem Zusammenhang nahm ich zunächst den mich sehr erschütternden Bescheid des Rektors zur Kenntnis, dem aus dem Amt gedrängten Loewy auf keinen Fall einige Abschiedszeilen zu schreiben. Mich beschäftigte dieser krasse Kontrast im Verhalten Heideggers: als einstiger Student bei Loewy, der als höchst irenisch charakterisiert wird, weist er brüsk die Bitte des Dekans ab; der Durchschlag des ablehnenden Briefes befindet sich in der Personalakte Loewy im Freiburger Universitätsarchiv: Ich habe den Text in die Erzählung eingearbeitet. Ich wollte diese Einstellung klären und deuten. Das klingt nach Verfemung – „in solchen Fällen" – und nach Ausstoßung aus der Gesellschaft. Kein Abschied. Dabei kamen neue Quellen ans Licht. Die Gefährdung des jüdischen Mathematikprofessors Loewy war im April 1933 offenkundig geworden. Wie alle nicht-arischen Universitätslehrer wurde auch er zunächst beurlaubt[8] und geriet wenig später in die Fallstricke des Reichsgesetzes zur Wiederherstellung des Berufsbeamtentums. Loewys Kollege Hans Spemann – auf diesen hochangesehenen Wissenschaftler war Verlaß – intervenierte Ende April 1933 zugunsten von Loewy und brachte sein Anliegen auch beim Rektor Heidegger vor. Dessen Antwort liegt im Bereich der bekannten Argumentation und der sprachlichen Leerformeln. Vom Akademischen Rektorat aus schrieb er am 5. Mai 1933:

„Hochverehrter Herr Geheimrat! Ich bitte Sie, sofort beim Ministerium Anzeige über den Fall zu erstatten.

Ich wünsche aufrichtig, daß Sie das Harte und Schwere, das solche Zeiten der Wende mit sich führen, überwinden und die Kraft Ihrer Forscher- und Lehrerpersönlichkeit erhalten für die Aufgabe einer Gesamtdeutung Ihrer herrlichen Wissenschaft.

In aufrichtiger Verehrung Ihr M. Heidegger."[9]

Aus diesem Umfeld entsprang auch der Brief von Frau Elfride Heidegger an Frau Malvine Husserl vom 29. April 1933 – ebenfalls wegen der Gefährdung der nicht-arischen Universitätslehrer geschrieben – den ich exemplarisch in meine Erzählung eingefügt habe: das Reichsgesetz sei zwar hart, aber vom deutschen Standpunkt her gesehen vernünftig!

So suchte ich das Lebensbild dieses jüdischen Professors zu zeichnen und geriet in ein weites Feld, auf dem vor allem die giftigen Gewächse aus antijüdischem und antisemitischem Geist gediehen. Es könnten jetzt viele Belege für antijüdische Positionen deutscher Intellektueller angeführt werden. Ich habe exemplarisch im erzählenden Text die böse Auslassung Ernst Jüngers in der Septembernummer 1930 der „Süddeutschen Monatshefte" notiert, in der die totale Ausgrenzung der Juden erbarmungslos gefordert worden war.

Über Heideggers antijüdische Haltung wurde und wird kontrovers diskutiert. Freilich, seitdem der Heidegger-Brief vom 2. Oktober 1929 an Viktor Schwoerer bekannt geworden ist[10] – ein arger Brief – läßt sich die apologetische Linie nicht mehr so leicht behaupten. Freilich: Heidegger steht hier in bewährter Nachbarschaft. Solche Einstellung war in jenen Jahren weit verbreitet, war gleichsam ein Markenzeichen deutscher Kulturkritik, die sich auf das deutsche Volk stützte unter Hintanstellung von Kultur-Nation und Staat. Deutsches Geistesleben kann nur vor der „wachsenden Verjudung" gerettet werden, wenn ihm „wieder echte bodenständige Kräfte und Erzieher" zugeführt werden. Heideggers Lehrer und einstmals väterlicher Freund, der Phänomenologe Edmund Husserl, hat die Pervertierung der Wertordnung in den ersten Wochen der nationalen Erhebung scharf analysiert und dabei den Verrat seines Meisterschülers und Lehrstuhlnachfolgers Martin Heidegger in den Vordergrund gerückt. Der national eingestellte Jude Husserl, dessen Familie im Ersten Weltkrieg ihr Blutopfer reichlich gezollt hatte – ein Sohn war gefallen, der zweite Sohn kehrte schwer verwundet heim –, schrieb am 4. Mai 1933: er habe bei manchen seiner Schüler die trübsten persönlichen Erfahrungen machen müssen, „zuletzt und am schwersten mich treffend bei Heidegger: am schwersten, weil ich nicht nur auf seine Begabung, sondern auf seinen Charakter ein (mir jetzt selbst nicht mehr recht verständliches) Vertrauen gesetzt hatte". Husserl verweist dann auf den zum 1. Mai 1933 vollzogenen Eintritt Heideggers in die NSDAP – „ganz theatralisch" – und gelangt zu einer wesentlichen Formulierung: „Die Zukunft wird erst das Urteil sprechen, was 1933 die echte deutsche Gegenwart war und welches die echten Deutschen waren, ob die Deutschen der mehr oder minder materialistisch-mythischen Rassenvorurteile oder die Deutschen der reinen Gesinnung, ererbt von den großen Deutschen in verehrungsvollem Nachleben". Husserl fühlte sich in diesen schweren Tagen ausgestoßen aus der Gemeinschaft, „nicht in der trauten und geliebten Gesamtheit der Nation", ausgegrenzt als „jüdischer Intellektueller".

Diese prognostische, ja prophetische Kraft des großen

Philosophen Edmund Husserl schien an der harten Realität zu zerschellen. Bei vielen Gelegenheiten vertrat Heidegger als Rektor der Universität, durchaus im Anspruch, Führer-Rektor zu sein, die unerbittliche Forderung einer neuen Zeit, am deutlichsten wohl auf einer Leipziger Kundgebung am 11. November 1933. Es war der Vorabend der plebiszitären Abstimmung über Hitlers Politik (Wahl einer Einheitsliste für den Reichstag verbunden mit der Zustimmung zum Austritt Deutschlands aus dem Völkerbund). Heideggers Proklamation, auf weltweite Wirkung bedacht, enthielt u. a. die Sätze: „Wir haben uns losgesagt von der Vergötzung eines boden- und machtlosen Denkens. Wir sind dessen gewiß, daß die klare Härte und die werkgerechte Sicherheit des unnachgiebigen einfachen Fragens nach dem Wesen des Seins wiederkehren. Der ursprüngliche Mut in der Auseinandersetzung mit dem Seienden an diesem entweder zu wachsen oder zu zerbrechen, ist der innerste Beweggrund des Fragens einer völkischen Wissenschaft." Die nationalsozialistische Revolution bringe „die völlige Umwälzung unseres deutschen Daseins". In dieses Umfeld ideologischen Denkens war nun das persönliche Schicksal der jüdischen Professoren eingebettet – sei es das von Edmund Husserl, sei es das von Alfred Loewy, um nur diese beiden Namen zu erwähnen. Martin Heidegger hat sie um so stärker isoliert, je größer die Nähe zu ihnen war.

Diese Thematik wurde noch gewichtiger, als ich vom Schicksal der Witwe Therese Loewy erfuhr: „Frau Loewy überlebte ihren Mann nur bis zu der Judenvertreibung, und da schnitt sie sich heroischerweise die Pulsadern auf" – so forsch-sarkastisch umschrieb der Mathematiker-Kollege Lothar Heffter 1952 das tragische Lebensende von Therese Loewy.[11] Die Witwe wurde vor dem physischen Vegetieren bewahrt, und sie starb keinen namenlosen Tod. Sie mußte nicht wie etwa 1000 Lagerbewohner von Gurs dort den Tod erleiden und auf dem Lagerfriedhof ihr Grab finden. Auch diese Gräber sind in einem Verzeichnis aufgelistet (Hauptstaatsarchiv Stuttgart).

Ich wurde stark motiviert zu weiterer Materialsuche und fand, wie gesagt, eher durch Zufall die noch existierenden Nachlaßakten des Freiburger Amtsgerichts, die in der Zwischenzeit in das Staatsarchiv Freiburg abgeliefert worden waren. Es tat sich für mich eine neue Welt auf – die Welt einer streng orthodox lebenden jüdischen Familie, verankert in der Freiburger Synagoge, geprägt von der jeweiligen Herkunft, wobei für Alfred Loewy die Sozialisation im Ostjudentum kennzeichnend war; Therese Loewy dagegen stammte aus dem Münchener jüdischen Milieu, das schon länger an die Welt der deutschen Kultur assimiliert war.

Die Erzählung kreist beständig um den Problembereich der antijüdischen und antisemitischen Positionen – wie sie auch an der Freiburger Universität zumindest verdeckt vertreten wurden. Wenn ich dann das Denken und Handeln Heideggers ins Zentrum rückte, dann geschah dies nicht im Sinne eines *unmittelbaren* Zusammenhangs oder gar einer kausalen Verknüpfung. Indes: Als ich den oben erwähnten Brief an Viktor Schwoerer zur Kenntnis nehmen mußte, ergab sich für mich ein seltsamer, ja hintergründiger Kontext. Der aus Freiburg stammende Schwoerer war bis zu seiner Ernennung zum Vizepräsidenten der Notgemeinschaft der deutschen Wissenschaft (1927) über viele Jahre Referent für die badischen Universitäten im Karlsruher Kultusministerium, der beste Kenner aller Personalien. Er hatte schon vor dem Ersten Weltkrieg die Berufungsverhandlungen für die Professoren geführt. Er war zuständig gewesen z. B. für Loewy, Husserl, Heidegger, Spemann usw. Warum hat Heidegger gerade an diesen Adressaten diesen argen Brief gerichtet? Oben war die Rede von dem maßgeblichen Leitungsgremium der israelitischen Religionsgemeinschaft in

Baden, dem Oberrat der Israeliten, an dessen Spitze ein landesherrlicher Kommissär stand. Schwoerer hatte bis zum Ende der großherzoglichen Zeit (1918) diese Position inne. Und Alfred Loewy war einer der acht Oberräte von der jüdischen Seite. Es gab eine eigenartige Nähe und Nachbarschaft, wenn auch hier wiederum keinen direkten Zusammenhang. Jedenfalls schien Schwoerer aufgeschlossen für einen derartigen Appell, „unserem *deutschen* Geistesleben wieder echte bodenständige Kräfte und Erzieher zuzuführen oder es der wachsenden Verjudung... endgültig auszuliefern."

In der Erzählung habe ich einschlägige Passagen aus Heideggers Texten (vor allem der Rektoratsrede vom 27. Mai 1933, aber auch der Schlageterrede vom 26. Mai 1933) dem analytisch-mathematischen Denken, wie es Loewy vertrat und wie es Heidegger in dessen Vorlesungen erfahren hatte, gegenübergestellt und dies auf der Folie von Heideggers Aktivitäten im hochschulpolitischen Sektor. Hier zeigt sich deutlich die Nahtstelle von geschichtlicher Faktizität und erzählender Fiktionalität. Soviel sei dargelegt zur Textur des erzählenden Berichts.

Indes: Bei alledem steht die rechte Weise des Gedenkens im Vordergrund – ein beständiges Thema auch an der Universität Freiburg. Die architektonische Nachbarschaft von Synagoge und Universität wurde nach der Reichspogromnacht 1938 zerstört. Kult und Geist waren auseinandergetrieben. Das deutsche Geistesleben war spektakulär und höchst manifest von der Gefahr der Verjudung befreit. Der jüdische Geist war durch Feuer getilgt. Schon längst kündet auf dem planierten Platz der einstigen Synagoge eine Bronzescheibe, in die Erde eingelassen, von der Vernichtung der jüdischen Kultstätte „unter einer Herrschaft der Gewalt und des Unrechts". Hält sie die Erinnerung an dieses Geschehen wach? Alljährlich am 9. November legt der Rektor der Freiburger

Universität den obligaten Kranz nieder, eine noble Geste gewiß. Mehr jedoch scheint dieser Ort nicht zu bewirken – ein Mahnmal wie viele andere auch, geeignet für die offizielle Gedenkfeier. Die wenigsten Zeitgenossen haben Zugang zu den Berichten über die Einzelschicksale. Sie bleiben auf die musealen Erinnerungsstätten verwiesen und können allenfalls durch filmische Inszenierungen aufgerüttelt werden. Das Unternehmen „Gurs" ist freilich ohne die bereitwillige Kooperation, ja Kollaboration der französischen Seite nicht möglich gewesen. Dieser Sachverhalt, ebenso wie die nachmalige vielfache Zusammenarbeit der französischen und deutschen Stellen, ist in den jüngsten spektakulären Prozessen, etwa im Verfahren gegen Paul Touvier, sehr deutlich geworden. Und die lange verdrängte, regelrecht unterdrückte Frage nach dem angemessenen Gedenken in Frankreich findet allmählich Antwort. Jetzt entstehen allenthalben nationale Gedenkstätten – und dies, obwohl der amtierende Präsident der Republik Frankreich, François Mitterand, eine eher kryptische Einstellung zur „Vergangenheitsbewältigung" pflegt, in der gegenwärtigen Publizistik als „souveränes Doppelspiel auf der Klaviatur von Erinnerung und Verdrängung" charakterisiert. Man könne nicht ständig mit Erinnerungen und im Groll leben.[12]

Vor den großen Vernichtungsschüben ab 1942 standen die vorbereitenden Schritte, um die meine Erzählung kreist. Freilich: Die Vernichtungslager beherrschen die Diskussion. Wer Einzelschicksale nachvollzogen hat, wie es mir als Historiker obliegt, wird immer erneut erschüttert sein, wenn er z. B. im Stuttgarter Hauptstaatsarchiv die Dokumentationsblätter der nach Gurs „verschubten" badischen Juden einsieht: wer noch 1942 im Pyrenäenlager am Leben war, wurde Anfang August dieses Jahres nach Auschwitz verfrachtet und „vernichtet" – oder wenn er z. B. das Ende von

Edith Stein (der Karmelitin Teresia Benedicta a Cruce) und ihrer Schwester Rosa bedenkt. Ich habe die Erinnerung an Edith Stein in der Erzählung ganz bewußt verankert, weil diese Schülerin von Edmund Husserl eine äußerst innige und tiefe Beziehung zu Freiburg aufgebaut und durchgehalten hat. Gerade auch die herzliche, freundschaftliche Verbundenheit mit Edmund Husserl, dem mehr und mehr vereinsamten Gelehrten. Edith Stein hat vom Kölner Karmel aus den Leidensweg ihres verehrten Meisters begleitet, selbstverständlich aus ihrer monastischen Überzeugung und Lebensführung heraus. Sie, die Jüdin, die wußte, in welcher Atmosphäre ein als jüdischer Intellektueller stigmatisierter Professor auf die letzte Wegstrecke seines Lebens gehen mußte. So fragte sie, nachdem sie von Husserls Tod erfahren hatte, bei ihrer Freundin, der Benediktinerin Sr. Adelgundis (Kloster St. Lioba in Freiburg-Günterstal) an: „Über das Begräbnis weiß ich gar nichts. Es stand ja auch nichts davon auf der Anzeige. Wie hat sich wohl die Universität verhalten? Wie Heidegger?" Die Fragen waren leider berechtigt, da weder Husserls Meisterschüler Martin Heidegger sich um den Lehrer gekümmert hatte noch die Universität. Diese altehrwürdige Alberto-Ludoviciana hatte Husserls Namen ab dem Sommersemester 1936 aus dem Vorlesungsverzeichnis genommen und auf diese Weise dem Reichsbürgergesetz vom 14. November 1935 Rechnung getragen, wonach Juden nach nationalsozialistischer Staatsauffassung nicht mehr Angehörige des deutschen Volkes sein konnten. Diese Grenzlanduniversität war auch der Verpflichtung enthoben, des Todes von Husserl geziemend zu gedenken: die Turmfahne auf halbmast zu setzen, die Ansprachen des Dekans und Rektors zu leisten, wie dies ansonsten der Gepflogenheit entsprach. Doch Husserl durfte in Deutschland sterben und in Freiburg begraben werden. Die Karmelitin Edith Stein, 1938 nach der Reichspogromnacht vom Kölner Karmel in den holländischen Karmel zu Echt übergesiedelt, verfiel der nationalsozialistischen Vernichtungsmaschinerie.[13]

Als in den ersten Augusttagen 1942 der plombierte Transportzug mit der todgeweihten Menschenfracht von Holland nach Süden zunächst sich bewegte, da schob Edith Stein bei einem Halt auf dem Bahnhof Schifferstadt unweit Speyer, also in einer ihr wohlbekannten Gegend, einen Zettel durch das vergitterte Fensterchen – er gelangte auf geheimnisvolle – wunderbare – Weise in die Hände von Schwester Placida Laubhardt, Benediktinerin in Freiburg-Günterstal (St. Lioba), ebenfalls aus Breslau stammend: „Unterwegs – ad orientem" war notiert, unterwegs – gen Osten, hin zum Aufgang der Sonne, vertrieben aus dem Lande der untergehenden Sonne, verjagt aus dem Abendland, das seine Ehre verloren hatte, zurück zu den Ursprüngen des Lichts, voll Ahnung, daß der Abgrund der Existenz zugleich der Anfang, ein neuer, ein anderer Anfang sein werde. Am Ende der langen Fahrt lag Auschwitz. Und die Rampe von Auschwitz befand sich im Ursprungsland der Vorfahren von Edith Stein, ihr war die östliche Landschaft tief vertraut. Sie ging mit ihrer Schwester Rosa auch für ihr jüdisches Volk zurück in den Tod und fand kein Grab. Tausende und Abertausende mußten diesen Weg der physischen Vernichtung nehmen.

Im Zusammenhang mit der in Frankfurt/Main geplanten Errichtung eines „Lern- und Dokumentationszentrums des Holocaust" ist in der Bundesrepublik die Diskussion über die angemessene Weise der Erinnerung neu beflügelt worden. Dabei wurde eine erstaunliche Form des Gedenkens zur Debatte gestellt, nämlich, daß wir wieder zu einer anamnetischen Kultur gelangen müßten: Das meint eine Geistes- und Seelenhaltung, die im und aus dem erinnernden Gedächtnis lebt, tiefer gründend als unser Verhältnis zur Geschichte, das sich nur aus einem wissenschaftlichen und moralischen Verständnis speist und Geschichte in einer bestimmten Weise besetzt. Im Grund geht es um die Grenzen des Verstehens angesichts des Genozids, ein hermeneutisches Problem. Anamnetische Kultur ist gemeint als zutiefst menschliche Kultur, wie es eindrucksvoll der Münsteraner Dogmatiker Johann Baptist Metz postuliert.[14]

Metz stellt die These auf, der jüdische Geist sei der privilegierte Träger einer solchen anamnetischen Kultur. Und in Auschwitz sei eine doppelte Vernichtung erfolgt: die der Juden und die des jüdischen Geistes.

Anamnese im Verständnis von Gedächtnis ist vor allem aus der Liturgie bekannt. Ohne diesen theologischen Bezug, ich bin zutiefst überzeugt, ist eine Gedächtnis-Kultur nicht möglich. Am ehesten noch vergleichbar dem liturgischen Gedenken, wie es in der katholischen Kirche verortet ist, im engsten Bereich der Messe, im Hochgebet nach dem Einsetzungsbericht, nach der Wandlung – dem Erlösungsgeschehen gilt das Gedenken, *und* zugleich wird das Darbringen entfaltet, das Darbringen des reinen, des heiligen, des unbefleckten Opfers. Dies ist das zentrale Geheimnis des Glaubens kirchlicher Überlieferung. In der Liturgiereform des Zweiten Vatikanums wurde diese Doppelbegrifflichkeit durch Hinzufügung aus dem ägyptischen christlichen Liturgiebereich verdeutlicht in dem Zuruf, den die Gläubigen dem Priester entbieten: „Geheimnis des Glaubens! Deinen Tod, o Herr, verkünden wir, und deine Auferstehung preisen wir, bis du kommst in Herrlichkeit."[15] Für Metz ist diese christlich-liturgische Dimension freilich nur kultische Anamnese, noch nicht anamnetische Kultur. Ich sehe dies anders: Hier wäre der entscheidende Ansatzpunkt für eine neue, erhöhte Weise des Erinnerns in der jüdisch-christlichen Gemeinsamkeit. Doch ist eine solche differenzierte Sichtweise einer modernen Gesellschaft, die ihren inneren Halt verloren hat, nicht mehr zu vermitteln: Die

Traditionslinien sind abgeschnitten, die Gesellschaft zu einer *permissive society* verkommen. Sie hat auch das Fest verloren, und damit die tiefste Form des Gedenkens.

Tatsache ist: Wenn die Vertreibung der Juden am Laubhüttenfest des Jahres 1940 erfolgen konnte, ohne daß auch nur die leiseste Regung in dem immer noch christlich geprägten deutschen Volk zu verspüren war, dann ist dies symptomatisch für den fortschreitenden Verfall der großen Traditionsströme.

„Zur Läuterung des Herzens und zur Freude an Gott sind uns die Feste verliehen", steht in einem Zusatz zum Abendgebet am *Seder*-Abend, der das jüdische Pessach-Fest einleitete; das Laubhüttenfest war – und ist wieder – unter allen Feiertagen der hebräischen Bibel das fröhlichste. 1940 wurde es für die badischen und pfälzischen Juden zum traurigsten.

Anmerkungen

1 In der Reihe der Veröffentlichungen der Staatlichen Archivverwaltung Baden-Württemberg sind aus der Arbeit der Dokumentationsstelle zur Erforschung des Schicksals der jüdischen Bürger in Baden-Württemberg 1933–1945 erschienen: einmal die Bände 16 und 17: Dokumente über die Verfolgung der jüdischen Bürger in Baden-Württemberg durch das nationalsozialistische Regime 1933–1945. Bearbeitet von Paul Sauer. Stuttgart 1966. – Weiter der Band 20: Paul Sauer, Die Schicksale der jüdischen Bürger Baden-Württembergs während der nationalsozialistischen Verfolgungszeit 1933–1945. Stuttgart 1969. – Die Meldung von Heydrich steht in Band 17, Nr. 440.

2 Wie vorige Anmerkung Band 17, Nr. 437.

3 Sie befinden sich im Staatsarchiv Freiburg, Nachlaß Loewy Nr. 184 Heft 8.

4 Als behördeninternes Manuskript gedruckt: Verzeichnis der am 22. Oktober 1940 aus Baden ausgewiesenen Juden. Zentralverwaltungsstelle und Aufsichtsbehörde: Der Generalbevollmächtigte für das jüdische Vermögen in Baden. Karlsruhe, Kaiserstraße 76. III. (Bibliothek des Badischen Generallandesarchivs).

5 Im Tagebuch von Hans Spemann ist die Teilnahme an der Beerdigung notiert.

6 Campus Verlag, Frankfurt a. M., 2. Auflage 1992.

7 Diese Unterlagen befinden sich im Universitätsarchiv. Das gilt auch für zahlreiche Materialien, die ich in der Erzählung verwertet habe, z. B. auch für die Personalakte Alfred Loewy. Heidegger belegte Vorlesungen über Differentialrechnung, Integralrechnung und Theorie der Differentialgleichungen.

8 Der Gauleiter von Baden Robert Wagner, der die spätere Deportation nach Gurs verantwortete, hatte am 6. April 1933 als Reichskommissar für das Land Baden den sog. Nicht-Arier-Erlaß publiziert, wonach alle nicht-arischen Beamten vorerst zu beurlauben waren. Dies war ein badisches Spezifikum. Der Kommissar-Erlaß wurde auch noch aufrechterhalten, als das Reichsgesetz zur Wiederherstellung des Berufsbeamtentums schon in Kraft war. Bezeichnend ist die als rechtlich verbindliche Definition des nicht-arischen Beamten. „Als Angehöriger der jüdischen Rasse im Sinne des Erlasses hat zu gelten: wer von nicht-

arischen, insbesondere jüdischen Eltern oder Großeltern abstammt. Es genügt, wenn ein Elternteil oder ein Großelternteil nichtarisch ist. Dies ist insbesondere dann anzunehmen, wenn ein Elternteil oder ein Großelternteil der jüdischen Religion angehört hat." Es frappiert mich stets von neuem, wie willfährig die Universitäten den Erlaß durchgeführt haben. So schärfte der Rektor Heidegger am 27. April 1933 seinen Dekanen ein, den Erlaß strikt umzusetzen.

9 Nachlaß Hans Spemann. Herrn Peter Fäßler, der vor dem Abschluß seiner Dissertation über Hans Spemann steht, danke ich für die Überlassung einer Kopie des Briefes.

10 Erstmals veröffentlicht aus dem Nachlaß Viktor Schwoerer (Generallandesarchiv Karlsruhe) von Ulrich Sieg unter dem Titel „Die Verjudung des deutschen Geistes". Ein unbekannter Brief Heideggers, in DIE ZEIT, Nr. 52, 22. Dezember 1989.

11 Lothar Heffter, Beglückte Rückschau auf neun Jahrzehnte. Freiburg 1952, S. 165.

12 Vgl. die lebhafte Diskussion in Frankreich im Zusammenhang mit dem Buch von Olivier Wieviorka, Nous entrerons dans la carrière. De la Résistance à l'exercise du pouvoir. Seuil 1994.

13 Vgl. meine Studie, Edith Stein und Freiburg, in: Phänomenologische Forschungen, Bd. 26/27, Freiburg 1993, 107–145.

14 In: Hanno Loewy (Hg.), Holocaust: Die Grenzen des Verstehens. Eine Debatte über die Besetzung der Geschichte. Reinbek 1992.

15 Vgl. Josef Andreas Jungmann S. J., Missarum Sollemnia. Eine genetische Erklärung der römischen Messe. 2 Bände. Freiburg-Basel-Wien 1952, Bd. 2, S. 276.

Der Gewalt widerstehen

Dieter Oberndörfer
Der Wahn des Nationalen
Die Alternative der offenen Republik
Band 4279

Zwischen Abschottung und tödlicher Gewalt verläuft nur eine schmale Grenze. Oberndörfer zeigt, warum der Aufbau der offenen Republik gelingen muß.

Annette E. Dumbach/Jud Newborn
Die Geschichte der Weißen Rose
Band 4269

Es ging ihnen nicht um Heldentum, sondern um den aufrechten Gang: Das beeindruckende Porträt der studentischen Widerstandsgruppe im „Dritten Reich". Präzise recherchiert und packend erzählt.

Anetta Kahane/Eleni Torossi
Begegnungen, die Hoffnung machen
Grenzen gegenüber Ausländern überwinden – Ideen und Initiativen
Band 4236

Vielfalt statt Einfalt: Integration ist möglich, der Austausch zwischen den Kulturen schafft Nähe und Offenheit. Geschichten von verschiedenen Modellen, Beispiele und Anregungen aus der Praxis.

Linus Reichlin
Vom Verstecken eines Gastes
Band 4185

Ein kurdischer Teppichweber auf der Flucht in die Schweiz. Engagierte Bürger nehmen ihn auf. Doch: Nicht der Gast wird zum Problem, sondern sie selbst.

Mahatma Gandhi
Handeln aus dem Geist
Texte zum Nachdenken
Band 4173

Man nannte ihn die „Große Seele". Wahrheit, Gerechtigkeit und Friede waren sein Programm. Seine Kerngedanken sind hier gesammelt.

Richard Schröder
Deutschland schwierig Vaterland
Für eine neue politische Kultur
Band 4160

„Für alle, die sich mit den Schwierigkeiten der deutschen Einheit und der Teilung sorgen, sollte das Buch Pflichtlektüre sein" (Der Spiegel).

Fremd in einem kalten Land
Ausländer in Deutschland
Herausgegeben von Namo Aziz
Band 4130

Erfahrungsberichte deutscher und ausländischer Autoren wider die Fremdenfeindlichkeit made in Germany.

Christine von Weizsäcker/Elisabeth Bücking (Hrsg.)
Mit Wissen, Widerstand und Witz
Frauen für die Umwelt
Band 4093

Sie blockieren, demonstrieren und intervenieren. In allen Teilen der Welt kämpfen engagierte Frauen den Kampf für die Umwelt, gegen Lobbyisten und Dummheit.

Philomena Franz
Zwischen Liebe und Haß
Ein Zigeunerleben
Mit einem Nachwort von Reinhold Lehmann und einem Beitrag von Wolfgang Benz
Band 4088

Philomena Franz wurde als Sintifrau nach Auschwitz verschleppt – und doch: „Sie spricht, als trüge sie ein Gedicht vor" (Süddeutsche Zeitung).

Judentum – die Kraft der Erinnerung

Elie Wiesel
Geschichten gegen die Melancholie
Die Weisheit der chassidischen Meister
Band 4296
Die chassidische Weisheit als wahre Lebenshilfe – Zeichen der Hoffnung und Waffe gegen die Melancholie.

Jakob J. Petuchowski/Clemens Thoma
Lexikon der jüdisch-christlichen Begegnung
Hintergründe – Klärungen – Perspektiven
Band 4281
Erstmals wird das geschichtliche und theologische Grundwissen der beiden Religionen in einem Werk zusammengefaßt. Die beiden Autoren wurden 1994 mit der Buber-Rosenzweig-Medaille ausgezeichnet.

Vladimir Karbusicky
Jüdische Anekdoten aus Prag
Band 4241
Weisheit, Witz und Nostalgie zugleich: Kostbarkeiten jüdischen Humors aus der Kulturhauptstadt Prag.

Johann Maier
Geschichte der jüdischen Religion
Band 4116
Die aufregende und wechselvolle Biographie einer der ältesten Menschheitsreligionen der Welt.

Jakob J. Petuchowski
Mein Judesein
Wege und Erfahrungen eines deutschen Rabbiners
Band 4092
Die Einführung in die geistige Welt des modernen Judentums.
Ein notwendiges Buch: für Juden, Christen und für Deutsche.
„Ein Vermächtnis" (FAZ).

HERDER / SPEKTRUM

Faszination Geschichte

Ernst Werner/Martin Erbstößer
Kleriker, Mönche, Ketzer
Das religiöse Leben im Hochmittelalter
Band 4284

Menschen auf der Suche nach einem verborgenen Gott. Das dichte Porträt einer Existenzsuche im Mittelalter – erstellt von zwei international renommierten Historikern und Mediavisten.

Amedeo Molnár
Die Waldenser
Geschichte und Ausmaß einer europäischen Ketzerbewegung
Band 4233

Urte Bejick
Die Katharerinnen
Häresieverdächtige Frauen im mittelalterlichen Südfrankreich
Band 4211

Es waren Frauen, die die letzten Prediger der Katharer nach der Verfolgung durch die Inquisition versteckten oder anzeigten.

Mircea Eliade
Geschichte der religiösen Ideen
5 Bände in Kassette
Band 4200

„Eine gewaltige geistige Unternehmung, fesselnd und allgemeinverständlich aufbereitet" (Süddeutsche Zeitung).

Hans Sedlmayr
Die Entstehung der Kathedrale
Band 4181

„Ein Buch von gleicher materialer Weite und gleicher Tiefe wird nicht wieder geschrieben werden können" (Das Münster). Mit zahlreichen schwarzweißen Abbildungen.

HERDER / SPEKTRUM